13672

LES FAUSSES OPINIONS DU MONDE

OV

LE MONDE COMBATU DANS SES MAXIMES CRIMINELLES.

Par le R. Pere IVES DE PARIS, *Predicateur Capucin.*

Conservées & mises en ordre par les soins du Pere IVES DE PARIS son neveu, Predicateur Capucin.

A PARIS,
Chez SIMON LANGRONNE, ruë S. Victor, proche S. Nicolas du Chardonnet, au Soleil Levant.

M. DC. LXXXVIII.
Avec Approbations & Privilege du Roy.

AVERTISSEMENT.

JE vous ay promis, mon cher Lecteur, de vous donner la continuation des Oeuvres posthumes du R. Pere Ives, le beau Genie de son siecle, la forte Plume de son temps, & l'honneur de son Ordre, par sa vie également devote & sçavante; Je m'en acquitte dans cette nouvelle impression, où le monde verra comme dans un abregé, mais tres-juste, que toutes les Opinions dont par malheur il se préoccupe l'esprit, & qu'il suit à l'aveugle, sont fausses, & le perdent quand il croit estre

AVERTISSEMENT.

dans le bon chemin. C'est à quoy l'Auteur exhorte tous ceux qui liront les productions de son esprit en ce volume d'avoir, avec l'Apostre S. Jean, une sainte aversion du monde, & sur tout de ses maximes, jusqu'à ce qu'il vous en fournisse de plus utiles dans une édition particuliere, qui les fasse paroître, par le soin que son neveu, qui vous presente celuy-cy, en prendra au plûtost avec une inclination toute particuliere.

TABLE DES OPINIONS
contenuës dans ce Volume.

AVANT-PROPOS. page 1
PREMIERE OPINION. *La vie seroit miserable, s'il en falloit examiner toutes les actions par les regles de la verité.* 8
II. OP. *Dieu est pour tous ; chacun pour soy.* 19
III. OP. *Sans une bonne Opinion de soy-même on ne se porte pas à de grandes choses.* 29
IV. OP. *On peut s'estimer heureux après plusieurs bons succés, tout entreprendre & tout esperer étant heureux.* 39
V. OP. *Il y a plus de gloire d'agir par ses propres forces, que si elles étoient empruntées.* 52
VI. OP. *L'argent est le prix de toutes choses ; qui est le plus riche, est le plus puissant.* 66
VII. OP. *On ne sçauroit avoir trop de biens pour subvenir aux necessitez presque infinies des familles.* 81
VIII. OP. *Donner quelques-uns de ses enfans à Dieu, & au service de l'Eglise.* 93
IX. OP. *Dieu nous a donné les biens sensibles pour en joüir : on n'en est privé que par impuissance.* 110
X. OP. *Chacun sent ses incommoditez, & se croit tenu de les soulager par ce qu'il peut de délicatesses.* 131
XI. OP. *La felicité de la vie consiste à contenter ses inclinations.* 143
XII. OP. *Sauver ses interêts, c'est une necessité qui n'a point de loy.* 161
XIII. OP. *L'honneur est preferable aux biens, & à la vie.* 179
XIV. OP. *Je ne puis pas empêcher la liberté des jugemens que les hommes feront de moy, il me suffit que Dieu voit mon cœur.* 195
XV. OP. *Qui n'entre point dans les emplois pu-*

TABLE DES OPINIONS.
bliés passe pour inutil, ou pour incapable. 215
XVI. Op. *La prudence previent le mal dont elle se voit menacée.* 233
XVII. Op. *C'est une justice de rendre la pareille à ses ennemis.* 254
XVIII. Op. *L'esprit est bas qui se contente des choses communes.* 268
XIX. Op. *Il faut soûtenir le rang qu'on tient dans l'Etat, par les dépenses estimées honnêtes, quoy qu'incommodes.* 289
XX. Op. *Les grandes fortunes ne font qu'avec les Grands.* 306
XXI. Op. *Les amitiez se gagnent par la ressemblance, autant des vices que des vertus.* 234
XXII. Op. *Les amitiez ne se peuvent entretenir, si elles engagent trop les interests.* 339
XXIII. Op. *L'esprit se polit, les mœurs se forment à l'honnesteté dans la conversation des Dames.* 350
XXIV. Op. *On n'offense point une personne en luy accordant ce qu'elle demande.* 368
XXV. Op. *Opinions étrangeres.* 390
XXVI. Op. *Chacun doit aux yeux du peuple & à sa propre réputation, des apparences dont il ne peut pas toûjours avoir les veritables sentimens.* 406
XXVII. Op. *Toute injure doit satisfaction; la plus prompte est celle qu'on prend par ses propres mains.* 415
XXVIII. Op. *Les vengeances qui sont secretes, ont été tenuës de quelques peuples comme les plus justes.* 427
XXIX. Op. *De plusieurs chemins on prend le plus seur, quoy qu'il ne soit pas le plus court ny le plus beau.* 438
XXX. Op. *Il vaut mieux mourir, que survivre à des notables disgraces.* 453

Fin de la Table.

Approbation du Tres Reverend Pere General.

NOus Frere CHARLES MARIE DE MACERATA Ministre General, quoyqu'indigne, de l'Ordre des Freres Mineurs, Capucins. De nôtre autorité permettons au T. V. Pere Ives de Paris Predicateur Capucin de nôtre Ordre, de faire imprimer le Livre, qui a pour titre *Les fausses Opinions du Monde*, composé par le R. P. Ives de Paris Capucin d'heureuse memoire, comme étant tres-utile au public & honorable à nôtre Ordre. Toutes autres choses observées sur cela requises. Donné à nôtre Convent de Milan le 1. jour de Decembre 1685.

F. CHARLES MARIE Min. General.

Approbation du Tres-R. P. Provincial.

APres avoir vû le témoignage & la permission de nôtre T. R. P. General, je consens aussi volontiers que lui, que le T. V. P. Ives de Paris Predicateur Capucin de nôtre Ordre fasse imprimer le Livre qui porte pour titre *Les fausses Opinions du Monde*, composé par le R. P. Ives de Paris Capucin, comme tres-digne de son fameux Auteur. Donné à nôtre grand Convent de Paris le deuxiéme Mars 1688.

F. HIEROTE'E de Paris Ministre Provincial de la Province de Paris.

Approbations des Theologiens de l'Ordre.

PAr la connoissance que nous avons des Oeuvres également pieuses & doctes du R. Pere Ives de Paris Capucin, mesme de celles qu'il a laissez aprés sa mort, nous approuvons d'autant plus volontiers *les fausses Opinions du Monde*, composées par luy devant sa mort, que le sujet est digne de son Auteur, tres-utile au public, & honorable à nostre Ordre. Donné à noftre grand Convent de Paris le 3. Mars 1688.

  F. ALEXIS DE PARIS, Exprofeffeur en
  Theologie.

  F. AGNAN DE PARIS, Profeffeur en
  Theologie audit Convent.

 F. IVES DE PARIS, Predicateur Capucin.

Approbation.

J'Ay leu le Traité *des fauſſes Opinions du Monde*, par le R. P. IVES DE PARIS, Capucin. Le 21. Juillet 1687. COCQUELIN.

Extrait du Privilege du Roy.

PAR grace & Privilege du Roy, donné à Verſailles le 27. Novembre 1687. ſigné, Par le Roy en ſon Conſeil, LE MENESTREL. Il eſt permis au Pere Ives de Paris Capucin, de faire imprimer, vendre & debiter par tel Imprimeur ou Libraire qu'il voudra choiſir, un Livre intitulé LES FAUSSES OPINIONS DU MONDE, de la compoſition du feu Pere Ives de Paris Capucin ſon oncle, pendant le temps & eſpace de huit années, à commencer du jour qu'il ſera achevé d'imprimer pour la premiere fois : & deffenſes ſont faites à tous Imprimeurs & Libraires & autres, d'imprimer ou faire imprimer, vendre & diſtribuer ledit Livre ſous quelque pretexte que ce ſoit, meſme d'augmentation, correction, & changement quelconque, ſans la permiſſion de de l'Expoſant ou de ſes ayans cauſe, à peine de trois mille livres d'amende, & autres peines portées par ledit Privilege.

Regiſtré ſur le Livre de la Communauté des Imprimeurs & Libraires de Paris, le 12. Decembre 1687.

  S gné J. B. COIGNARD, Syndic.

 Ledit Pere Ives de Paris Capucin a cedé ſon droit du preſent Privilege à Simon Langronne Marchand Libraire à Paris, pour ledit Livre ſeulment, pour en joüir ſuivant l'accord fait entre eux.

Achevé d'imprimer pour la premiere fois le 14. Aouſt 1688.

        LES

LES FAUSSES OPINIONS DU MONDE.

AVANT-PROPOS.

L I N E est impie contre la Nature, de la considerer non pas comme une mere, mais comme une maraſtre, quand elle expoſe l'homme en naiſſant foible comme il eſt, aux violences d'autant d'ennemis, qu'il y a de corps & de qualitez qui peuvent eſtre les cauſes de ſes douleurs. Elle eſt à ſon avis bien cruelle, de nous avoir engagez dans une vie ſi miſerable, & de ne nous eſtre indulgente qu'en ce qu'elle n

Pl.n. lib. c. 63. Senec. ep. 12.

A

nous la rend pas abfolument neceffaire, puis que les mefmes chofes qui nous affligent font autant de portes ouvertes, & des moyens tres-faciles pour en fortir. Il eft vray que les infirmitez du corps font grandes, mais la Providence nous a donné les lumieres de la raifon pour en découvrir les remedes, & la main pour les appliquer par les Arts, qui ne foulagent pas feulement nos foibleffes, mais qui les changent en forces & en plaifirs, jufques à rendre l'homme le plus puiffant & le plus heureux de tous les eftres animez. En effet, s'il n'avoit qu'à fe défendre de l'injure des faifons & des élemens, ces coups font fi reguliers, & les accés n'arrivent qu'aprés tant d'intervalles, que depuis beaucoup de fiecles les peuples fe font fortifiez contre ces accidens pour ne les plus craindre; Ils ont des habits contre le froid

& la honte, leurs maisons contre les rigueurs de l'hyver & de l'esté, les ports & les digues contre les orages de la mer; la Medecine est toûjours preste de donner remede aux maladies; elles sont rares, si vous les comparez à la santé; elles sont mesme souvent necessaires pour donner de l'exercice à la vertu, quelques tréves à des passions trop ardentes, un détour qui esquive le coup d'un mauvais destin, & pour nous tenir dans un humble sentiment de ce que nous sommes.

Si donc il y a des miseres au monde; si les plaintes en sont & particulieres & publiques, quand vous en rechercherez les causes, vous serez contraints d'avoüer, que contre l'ordre de la nature qui arme les animaux d'une mesme espece, & joint leurs forces pour se défendre de leurs ennemis, l'homme est le plus grand ennemi de l'homme, non pas seulement de son semblable, mais de luy-mesme en personne par les fausses opinions dont il s'imprime, & puis qu'il répand pour les rendre contagieuses. Ainsi Galien dit que les humeurs se peuvent tellement corrompre en nostre corps, qu'elles prennent les qualitez mortelles des poisons & des vapeurs pestiferées, dont la terre peut infecter tout l'air d'un grand pays. Ces opinions sont entre tous les maux les plus contraires aux tranquillitez de la vie. Elles sont particulieres, plus differentes entre elles que ne sont les traits des visages, & les couleurs au col des pigeons. Selon qu'ils se remuënt dans le rayon du soleil, le respect, la crainte & la honte les tiennent quelquefois longtemps cachées dans le secret impenetrable des esprits ; de sorte qu'il est difficile de les connoî-

Galen. lib. 6. de locis affectis.

AVANT-PROPOS.

tre & de les guerir. Le docte Baronius compare ces opinions particulieres aux phantofmes que l'œil fe figure dans un cachot, où il n'a que ce qu'il luy faut de lumiere pour fe tromper. Les perfonnes vous paroiftront judicieufes au refte de leur entretien & de leur conduite ; elles ne s'égarent, comme les hypocondriaques, qu'au point qui fait leur maladie. Que fi pour effacer cette fauffe idée vous employez vos raifons, il femble qu'elles impriment davantage en l'ame le caractere qui y fait ces malheureufes & funeftes impreffions. Paracelfe dit qu'elle vient du ciel, que c'eft une fléche tirée par une mauvaife conftellation, dont on ne peut arrefter le mouvement ny guerir la playe.

Je n'entreprends donc pas de parler icy de ces opinions fingulieres, fecretes, invifibles & infinies, & qui par toutes ces qua-

Baronus initio novi organi. Iaola fpecus.

Paracil. lib. de Lunaticis.

litez condamnent de temerité ceux qui penseroient y donner remede. Je n'entre pas aussi dans les sentimens de Religion, aussi differens qu'il y a d'esprits en chaque secte. Depuis qu'on s'écarte de la verité Catholique, elles sont sans nombre, comme les lignes sont infinies quand elles s'éloignent de la perpendiculaire, qui va droit au centre. Je ne traite icy que de quelques opinions morales, que la voix du peuple fait passer pour la voix de Dieu, & qu'elle publie comme des loix naturelles non écrites, qui sans contrainte sont receuës par une commune approbation. La verité y paroist d'abord si nette & si solide, qu'elle prévient toutes les difficultez de l'esprit; les premieres propositions en seront certaines, les consequences tres-perilleuses; elles ressemblent à ces oracles rendus par les songes, qu'on

Plutar. lib. de sera mom. vind.

AVANT-PROPOS. 7
difoit venir d'Apollon & de la nuit à caufe de leurs ambiguitez ; Ce font de fauffes monnoyes qui ne font ny tout or ny tout argent, mais un mélange d'autres moins nobles métaux qui ont befoin d'une coupelle reïterée, d'un eau de départ, d'un bon jugement qui fepare le vray d'avec le faux, & qui ne donne point de créance à tant de témoins, aprés eftre tres-affuré qu'ils font corrompus; les titres de quelques-unes vous paroiftront des maximes indubitables, mais en effet elles font fauffes par la mauvaife application que l'on en fait, & que je découvre par la fuite du difcours.

Premiere Opinion.

La vie seroit miserable, s'il en falloit examiner toutes les actions par les regles de la verité.

CEtte premiere opinion tâche de se justifier, & toutes les autres contre les reproches qu'on leur fait d'estre contraires à la raison, sans considerer qu'en cela mesme elles se confessent coupables, quand elles refusent d'estre jugées par la verité qui est Dieu, un rayon du Verbe Eternel en qui toutes choses sont dans l'être & dans l'ordre. Ces emportemens ne laissent pas d'avoir quelque apparance de la raison qu'ils combattent & dont ils craignent la jurisdiction, comme les ombres portent un vestige de la lumiere qui les couvrent. On dit que tous les hommes ne sont pas capables d'un parfait raisonnement, qui sçache distinguer le bien d'avec le mal, le vrai d'avec le faux parmy les déguisemens, que la nature, les sens, les passions & les peuples y apportent: L'habitude de la prudence est le fruit d'une solide vertu, & d'une longue pratique, qu'on ne rencontre pas mesme sans quelque defaut dans les plus sages. Il faut donc que dans une necessité commune, il y ait quelques moyens publics & faciles pour la conduite de la vie, comme nous avons la lumiere du Soleil répanduë par tout pour choisir nos pas, & les objets, comme nos yeux voyent des chemins & des sentiers battus pour aller où il nous plaira ; des nourritures communément reconnuës pour bonnes & propre à nostre temperament, sans en venir à toute heure à l'examen de leurs qualitez par les Regles de la Medecine & de la Chymie. Ainsi les Arts ont leurs regles qui leur suffisent pour achever leurs Ouvrages, sans entrer dans la theorie, qui par beaucoup de raisons a donné ses loix. La méchanique tracera fort justement des Quadrans solaires, des Astrolabes, des Globes, des Cartes du Monde, sans que l'Artisant soit Astronome ny Geometre. De mesme on suppose que les Sages ont depuis long-temps marqué les reglemens de la vie par des opinions ausquelles ils ont donné cours entre les Peuples, qui les ont receuës & autorisées par leur consentement & par une espece de proscription, qui ne permet plus aux esprits particuliers de les censurer. Voilà ce qui se peut dire de vray semblable, mais en effet de tres-faux pour donner quelque couleur à de mauvais sentimens & à de dangereuses pratiques, contraires aux lumieres & aux Loix que Dieu a mis dans nos ames pour la conduite de nostre vie. Ces opinions ne s'accordent pas avec la raison, qui est proprement nostre nature, que les Sages de l'Antiquité ont toûjours fait estat de suivre, & où ils mettoient la perfection de l'homme devant que Jesus-Christ nous en eust montré une maniere d'agir plus sublime. Il n'est donc pas vray de dire que les Philosophes ayent étably les opinions populaires, puis que les Livres font foy que tous les ont combatuës par leur doctrine & par leurs exemples. Si l'on en recherche l'origine, il se trouvera qu'elles sont nées de la corruption de nostre nature, & du concours de plusieurs, qui mettant leur souverain bien aux plaisirs du corps & à suivre leurs passions, ont tiré le peuple dans leurs sentimens, & de ces abus singuliers en ont fait des voix publiques. Elles authorisent tellement les vices & les excés, quelles en font naiſtre les deſirs, en ceux à qui la fortune n'en accorde pas l'effet, & les obligent de donner leur applaudiſſement à une tyrannie, dont en ſecret ils ſouffrent les violences & forment leurs plaintes.

Senec: lib. de vit: beata. Seneque, dit ſur ce ſujet, que tous les hommes conçoivent un meſme deſir de paſſer une heureuſe vie, ſans voir qu'à travers beaucoup de nuages, en quoy veritablement elle conſiſte, ny chercher les moyens qu'il faut prendre pour y reuſſir. Ne ſçachant pas le port où ils doivent arriver, aucun vent, aucune route ne leur ſemble favorable, plus ils employent de viteſſe, plus ils s'écartent peut eſtre du bien qu'ils deſirent. Dans cette incertitude de jugement, ils ſe ſuivent comme les beſtes de compagnée, ils vont où l'on va, non pas où il faut aller, ils s'egarent ſelon que la voix confuſe des opinions les appelle, ils se laiſſent emporter à la foule où la cheute d'un ſeul, cauſe celle de pluſieurs. La vie s'écoule dans ce tumulte, comme un torrent qui parmy l'inégalité des rochers precipite, & puis releve ſes vagues, juſques à ce qu'aprés beaucoup de tumulte, elles viennent toutes ſe perdre dans la mer. Ne prenez donc pas les opinions publiques pour des oracles de verité, ne prenez pas les vies qui s'y conforment, pour des exemples qu'il faille imiter. Car le monde n'eſt pas ſi heureux d'avoir plus d'hommes ſages, que de méchans, plus de vertus que de vices ; au contraire la multitude eſt un prejugé de l'erreur, & pour en éviter la contagion, nous n'avons point de retraite plus aſſeurée que la ſolitude, ce grand deſordre vient de ce que les infirmitez du premier âge nous obligent tous de vivre ſelon les ſens, les habitudes en ſont priſes, depuis ce temps-là le plaisir qui les accompagne les entretient, & puis les richesses, les grands emplois, les voluptés non communes, qui les delassent & qui les honorent passent pour des recompenses de la vertu, & ce qui en affoiblit le merite, est pris pour une magnificence qui la couronne.

Neantmoins ce grand concours de toutes sortes de conditions, qui conduit à la liberté des sens, n'empêche nullement le Sage de condamner comme d'abus tout ce qui ne s'accorde pas avec les loix de la raison, tout ce qui peche contre l'essence de nostre nature, qui au lieu des exemples d'une heroïque vertu, met la gloire en des plaisirs, dont les moindres petites ames sont capables. Pourquoy suivre l'opinion en des choses dont nostre jugement doit estre l'arbitre ? au lieu de gouverner, pourquoy se mettre en tutelle, & recevoir d'un peuple la Loy qu'on luy veut donner ? On est bien ayse de voir de ces propres yeux la nourriture qu'on prend, les meubles qu'on veut avoir à son usage, hé pourquoy ne pas appliquer serieusement sa raison à bien reconnoistre la qualité des choses, des conditions, des emplois importans à nostre felicité ? Quand on auroit sur cela de grandes & veritables maximes, elles sont universelles, & peuvent causer des effets contraires à ce qu'on pretend, si elles ne sont ajustées par la personne mesme aux desseins qu'elle forme, & à toutes les circonstances de ses affaires. Autrement elles perissent par des raisons apparantes, comme ces pauvres malades à qui les Medecins ne laissent que cette derniere consolation aprés beaucoup de langueurs, de mourir avec methode. Si les maximes universelles peuvent causer des ruines irreparables, quand elles ne sont pas appliquées aux rencontres particulieres avec tout ce qu'il y faut apporter de jugement, vous reglerez-vous par les opinions communes d'un peuple, dont les veuës s'arrestent aux choses sensibles, & ne portent gueres plus loing que le present, sans penetrer dans les desseins, sans voir la liaison, les suites, ny les progrés des affaires, les coups d'une mauvaise fortune qu'elle deguise par des promesses avantageuses. Examinez donc toutes choses par vostre propre raison, & par celles de vos amis, comme vous feriez un procés de consequence, car les plus notables égaremens, dépendent du premier pas qu'on fait hors le vray chemin ; mais jamais ne vous reglez par l'opinion, elle vient comme nous avons dit, d'une trop mauvaise source, pour être vraye, elle est trop vague, trop indéterminée, pour servir de loy aux diverses occasions de la vie, toutes singulieres, & où la prudence ne se doit resoudre au present, qu'aprés une meure consideration du passé & de l'avenir.

Au reste ne considerez pas ces continuelles attentions de l'esprit, comme des fatigues qui troublent voftre repos, qui vous soient un sujet de crainte & d'inquietude ; car toutes les facultez naturelles trouvent du plaisir en l'exercice de leur puissance, & à faire ce qu'elles doivent, autrement elles demeureroient engourdies. Ne point agir, que vous prendriez pour un repos, leur seroit une douloureuse privation, une letargie, une demie-mort. Noftre œil ne se lasse point de voir l'infinie diversité des objets qui se presentent à luy, pour les choisir, s'ils sont propres à nos usages, ou les éviter, s'ils sont nuisibles, au moins pour en faire le jugement. L'oreille ne se lasse point d'entendre les nouveautez, les rares pieces d'éloquence, de poësie, de musique, pour en fournir des sujets d'admiration & de contentement à l'esprit. La raison n'a donc point de peine à juger de tous les objets, parce qu'elle est incomparablement plus agissante que les sens, qui empruntent d'elle leur activité. Juger, luy est un exercice si propre, si favorable à la liberté dont nôtre nature est avantagée, qu'il ne peut estre sans un contentement intime. En effet, si les objets luy manquent, la curiosité les va chercher, l'imagination les forge dans le silence, dans la retraite, mesme durant le sommeil; sur tout la raison ne se donne point de relasche, quand il s'agit de nos interests. Malgré nous, quelques resolution qu'on prenne, quelques attentions qu'on s'efforce de donner aux choses saintes, les pensées de ce qu'il faut faire pour nostre bien se jettent à la traverse, elles demandent audience, elles interrompent tout autre entretien, mesme celuy qu'on pourroit avoir avec Dieu. La vie ne seroit donc pas miserable de juger soymesme de toutes choses, sans s'en rapporter à l'opinion.

Deuxiéme Opinion.

Dieu est pour tous; chacun pour soy.

Nos Anciens, instruits par la seule raison naturelle, reconnurent un premier principe de toutes choses, des cieux, des elemens, des autres parties du monde, & de toutes les especes qui le peuplent. Ils connurent que cette premiere cause estoit un estre spirituel, qui avoit mis au jour toutes ces productions par le seul motif de sa bonté, qu'il estoit souverainement sage & puissant pour les renger en l'ordre qu'elles tiennent, & leur en faire une necessité pour la perfection de l'univers ; de sorte que ce qu'elles ont entre elles de contrarietez forment des accords & des harmonies qui soient de nouveaux cantiques en l'honneur de son eternité bienheureuse. Ce premier acte, cette premiere verité, non pas singuliere ny déterminée comme la nostre, mais infinie, remplit son ouvrage, le penetre, le soûtient, l'anime, en forme, en acheve les unions, & empesche continuellement qu'il ne retombe dans le rien de son origine.

Ces sublimes sentimens de Dieu nous tiennent dans un profond respect de sa souveraine majesté ; mais cela ne nous suffit pas, si nous ne sommes dociles à recevoir les instructions qu'il nous oblige d'en tirer pour noſtre conduite. Soyez, nous dit JESUS-CHRIST, parfaits comme voſtre Pere celeſte, qui fait luire ſon ſoleil ſur les bons & ſur les mauvais. Il eſt vray, vous n'avez pas des abondances inépuiſables qui puiſſent fournir à toutes les neceſſitez de vos prochains ; mais voſtre cœur peut concevoir pour eux une charité ſi vaſte, au moins en deſirs & en merites, qu'elle ne ſouffre point de bornes, & qu'aprés avoir fait tout le poſſible, voſtre compaſſion ne ſouhaite le bien qu'ils demandent, que pour leur donner. Tellement que ſi Dieu eſt pour tous, il veut que chacun ſoit pour ſes prochains, qu'il les aime comme ſoy-meſme, qu'il leur faſſe le traitement qu'il ſeroit bien-aiſe de recevoir en meſme rencontre. Il veut que le Chreſtien reſſemble à un fleuve, dont le cours ſans ſe tarir ny déborder ait une effusion d'autant d'eaux qu'il en a receu de sa source, & des autres qui se déchargent en son lit. Il veut qu'il soit comme la lumiere d'une chandelle, qui garde & répand toute celle qu'elle a prise d'un flambeau.

Dieu est donc pour tous, afin que chacun tasche de l'imiter à l'égard de ses prochains, qu'il les soulage selon sa puissance, & les loix d'une charité bien ordonnée. Mais de ce que Dieu est pour tous, conclure que chacun ne doit estre que pour soy, c'est d'une infaillible verité tirer une tres-fausse & tres-dangereuse consequence. Car c'est établir l'amour propre qui est le plus subtil & mortel poison de la nature, la source de toutes les passions & de tous les crimes, l'illustre chef de parti des enfans du monde, revoltez contre la justice & les loix de Dieu.

D. Aug. lib. 14. vit. Dei de C. cap. ult.

Posez ce principe que les hommes ne doivent agir que pour leurs interests particuliers, ils feront inutils au service de l'Eglise & de l'Estat, ils seront sans fruit comme les ormes, les charmes, les tillaux, parce que ces arbres employent toute leur seve à croistre en grandeur, à se garnir de branches & de feüilles. Si ces hommes entrent dans les charges avec un dessein formé d'y élever leur fortune, quelques protestations, quelques sermens qu'ils fassent au contraire, quelque zele qu'ils fassent paroistre pour le bien public, ils l'immoleront à leurs interests avec des adresses dont les Princes & les Conseils les plus éclairez auront peine de se défendre.

La conscience ne reclamera point en ces rencontres, si l'on suppose que la pretention de s'agrandir est legitime : & quelques doutes que les ames plus délicates y puissent former, l'amour de soy-mesme le premier, le plus puissant, le principe de tous les autres, met le bandeau sur les yeux pour empescher qu'ils ne voyent ce que cette conduite a de mal. Il est inventif de beaux pretextes pour couvrir les plus sanglantes concussions, pour les rendre secretes, impunies, mesme glorieuses.

Lib. 1.
& 2. c.
Aquæ
ducti.
On punit ceux qui détournent les eaux publiques à leurs usages, parce qu'il est facile de reconnoistre cette usurpation dans le regard des fontaines. Mais qui découvrira les secretes intelligences de deux ou trois personnes d'accord à se justifier l'une l'autre, à diminuer les receptes, croistre les dépenses au maniment des deniers publics. O qu'il est rare de voir aujourd'huy des personnes qui demeurent pauvres dans ces grands emplois, comme un Aristides,

un

un Phocion, un Lyſander entre les Grecs ; un Publicola, un Fabricius, un Curius, entre les Romains? L'Apôtre compte entre les malheurs des derniers temps, celuy de vivre avec des perſonnes qui n'aiment qu'eux-mêmes. Ce ne ſera pour lors que la continuation d'une calamité dont les Etats ſont travaillez depuis pluſieurs ſiecles, & où toutes les Loix ont inutilement taſché de donner remede, quand elles ont défendu d'eſtre témoin ou juge en ſa propre cauſe ; d'eſtre tuteur d'un pupille, dont on peut être heritier ; aux Gouverneurs des Provinces d'y faire aucuns contrats à leur profit : les Republiques mêmes, quoiqu'elles ne ſemblent avoir pour intereſt qu'un bien commun, ſe moderent neanmoins en ce point, & ne s'appliquent pas la confiſcation des criminels ; crainte que le profit qu'elles en tireroient

2. Tim. 3.

Bodin l. 5. de Republ.

ne les rendît suspects d'injustice & de cruauté à verser trop de sang humain. Je ne remplis pas ce sujet d'autoritez, parce qu'elles sont en trop grand nombre, & que les marges ne les pourroient contenir; le peu que nous avons icy remarqué suffit pour conclure, que si chacun n'agissoit que pour soy-même, l'opinion le fait croire, le bien public dont on abandonneroit le soin, seroit le sujet des plus énormes voleries, ainsi periroit bien-tôt, & avec luy les interêts particuliers, par un naufrage commun.

D. Aug. tractat. 123. in Joan. & lib. 12. de Trinit. cap. 10.

Un homme ne sçauroit mieux agir pour soy, dit S. Augustin, que de mettre tous ses interêts à rechercher la gloire & l'honneur de Dieu, car ce qu'il doit esperer de felicitez en cette vie & en l'autre, en est inséparable. Son amour, qui auparavant ne s'attachoit qu'à sa personne, &

qui n'étoit en cela que particulier, que contraint & reserré en un fort petit sujet, entre dans les vastes étendües de la charité divine. Dans les splendeurs & les joies de Dieu, l'amour qui nous fait sa possession, nous affranchit des plus rudes & moins supportables tributs de la nature : nous sommes parfaitement libres, sages, tout-puissans dans le souverain bien, où nôtre ame avec toutes ses puissances se trouve abymée. Au contraire si nous n'avons des desirs & des attaches que pour nous-mêmes, cét amour, dit saint Thomas, nous rend esclave de toutes les concupiscences, qui nous ravallent, qui nous troublent, & qui nous damnent. Quand donc nous demandons tous les jours à Dieu dans la priere, qu'il nous délivre du mal, faisons état que le plus grand de tous ceux qui nous menace, c'est cét

D. Th. 22. q. 77. art. 4.

amour inconsideré de nous-même, parce qu'il nous éloigne plus que tous les autres de nôtre fin & qu'il profane le Sanctuaire de nôtre ame par un Idole qui comprend, comme nous venons de dire, toutes les abominations ; en effet, selon la remarque d'Origene, l'Idolatrie ne s'est répanduë parmy tous les peuples, que parce que chacun s'est fait une divinité & une Idole de sa passion. Les Syriens avaricieux eurent pour Déesse celle qu'ils estimoient donner les richesses ; les Scythes, qui étoient d'une humeur guerriere, adoroient Mars, & les armes propres à verser le sang, dont il avoit donné les inventions. Ceux qui mettoient leurs felicitez aux plaisirs des sens, élevoient des Temples & offroient des sacrifices à Venus, ainsi des autres peuples, qui par leurs exemples verifioient que

Origen. Homil. I. in Judic.

l'amour propre est l'ennemy déclaré des bonnes mœurs, & des veritables sentimens de Dieu, puisque des plus grands desordres de la vie, il en a fait des divinitez.

TROISIE'ME OPINION.

Sans une bonne Opinion de soy-même, on ne se porte pas à de grandes choses.

L'Amour que nous portons aux choses exterieures, naît de la beauté des vertus, des perfections dont elles sont riches, & qui étant des effets sensibles de la raison, nous plaisent & nous gagnent par sympatie, mais l'amour que chacun a pour soy-même, n'est pas une passion qui s'échauffe par les précieuses qualitez de l'objet. C'est une secrette vigueur inseparable de nôtre être, un esprit, un premier mobile de ce qu'il demande & de ce qu'il acquiert de perfection. Il n'est donc pas comme les autres amours, un effet, mais la cause de la beauté, c'est une chaleur essentielle en l'animal, à qui la nature d'une main artiste donne les dégrez selon l'idée de l'espece, le transforme, le polit, l'acheve avec une extrême complaisance. Ainsi tous les matins aux premiers rayons de l'Aurore, les oiseaux nous montrent un essai des agreables progrez que l'amour propre a fait en eux, depuis qu'ils l'ont reçu avec la vie de leur pere & mere; ils le font paroître quand ils arrangent leurs plumes, qu'ils les peignent avec leur bec, qu'ils les fardent & les vernissent de leur salive, les repassent, les adoucissent jusqu'à ce qu'ils s'y mirent une infinité de fois, avec les agréemens &

[marginalia: flo, sed connaturalitas. D. Th. 12. q. 26. art. 1. ad 2.]

les joies qu'ils en témoignent par leurs petites chanſons. Les autres animaux à leur reveil prennent le même ſoin de ſe nettoier, de ſe parer, car ils ont le ſentiment de ce qu'ils meritent, comme des forces dont la nature les a pourvûs pour leur défenſe & pour la conquête de leurs alimens. Le lion ſçait bien l'empire qu'il a ſur tous les habitans de ſon déſert, & ſans crainte qu'ils ſe liguent contre luy, il les menace & les tient en crainte par ces horribles rugiſſemens. Le taureau mugit, ſi tôt qu'il voit le loup, il s'échauffe, & tout furieux il s'avance pour le combattre & le crever, s'il ne prend la fuite devant le troupeau dont il penſoit faire curée. La Fable dit que Perſée ayant à combattre la Magicienne Meduſe, dont la face étoit tellement hideuſe, qu'elle ſaiſiſſoit de crainte, & rendoit immobiles ceux qui la regardoient, comme s'ils se fussent changez en pierre, il surmonta ce monstre en détournant de luy ses yeux, & les tenant arrêtez sur un miroir qui representoit son propre visage, avec ce qu'il avoit de graces & de beautez, pour signifier que les grands courages qui se connoissent, sortent victorieux des perils, où d'autres, sans cette veuë, & sans cette estime, n'osent pas entrer. Cesar se sentoit digne de l'Empire, & fit jugement de son bonheur par sa confiance, quand il rassûra le Batelier qui le passoit sur une riviere furieusement agitée, en luy disant : Ne crains point; tu conduis Cesar & sa fortune ; car cette assûrance qu'elle inspire est une tacite promesse du bon succez qu'elle doit donner; sans elle, dit Cassiodore, les grands courages ne se porteroient pas aux genereuses entreprises, sans cette secrete ardeur tant d'illustres personnages ne se seroient pas tirez des obscuritez de leur naissance, pour s'élever jusqu'au gouvernement des Monarchies.

Les Apôtres, hommes, pauvres, simples, sans science, sans credit, n'eussent jamais entrepris la conversion de tout le monde, sans une divine inspiration qui élevoit leur courage audessus des forces humaines, & sans ces voix interieures, qui les assûrant d'être les enfans de Dieu, leur promettoient aussi le secours de sa main toute-puissante.

Cette confiance qui vient du ciel ne peut être que sainte, & ne peut avoir que de bons effets, comme en l'Apôtre, qui dans cette ardeur ne trouvoit rien d'impossible. Mais quand cette bonne opinion de soy-même,

B v

n'est fondée que sur des qualitez civiles ou naturelles ; sur la noblesse, sur une naissance, où tous les planetes étoient en leur dignitez, elle passe ordinairement à l'excez, elle dégenere en une presomption qui rend les ames, non pas plus grandes ny plus fortes, mais plus enflées & malades de vanité. Un homme qui se produit, qui se pousse, qui se préfere temerairement, se rend ridicule au jugement des plus sages, il seroit onereux à toutes les compagnies, s'il ne leur apprêtoit à rire, jusqu'à ce que son insolence ayant offensé quelqu'un, en reçoive ce qu'elle merite de chastiment. Il se taille à luy-même beaucoup de besogne, & des sujets comme infinis d'inquietudes : car ayant cette haute estime de soymême, il tient tout ce qu'on luy fait de faveurs beaucoup audessous de ses merites, & en conçoit ainſi bien plus d'indignation que de joye ; il fait beaucoup, ce luy ſemble, de ſouffrir cet indigne traitement, ſans s'en tenir obligé, & ſe perſuade qu'on luy dérobe tout ce que les autres reçoivent de graces ; les aigreurs, les triteſſes, les mécontentemens, les plaintes, les murmures, ſont les ſentimens ordinaires qui agitent ces pauvres ames foibles & petites, de ce qu'elles s'eſtiment trop grandes, & que toutes les bonnes qualitez qu'elles remarquent en elles ou dans les autres, leur ſont des ſujets d'autant de ſupplices.

Toutes les paſſions ſont extrêmes dans un homme malade de vanité, ſes amours s'attachent à des ſujets éminens, dont l'éclat devoit l'éblouïr, & où la crainte d'un juſte reſſentiment devoit étouffer ſes flammes ; Aprés s'être long-temps flatté de folles idées, comme un Endincion, il devient la fable du peuple, le joüet ou la victime des Grands, reduit enfin à n'en pouvoir souffrir ny éviter les affrons que par les derniers coups du desespoir. S'il surmonte ces concupiscences, & que son naturel n'y soit pas porté, il s'approchera des Grands avec des familiaritez qui en sondent les secrets, qui s'exposent aux perils de les connoître, & de les éventer, si ces plus grands malheurs ne sont pas prévenus par un moindre, par la mauvaise humeur d'un Prince, qui de voix & d'effet foudroye cét insolent, au moins s'en défait par une saillie, comme des importunes caresses d'un chien. Aprés ces rebuts, il ne faut pas attendre qu'il s'humilie pour r'entrer en grace, mais ses plaintes & ses reproches traitent de plus en plus des courages offensez déja par une temerité qui fembloit entrer en quelque forte de comparaifon avec eux. Car les Grands veulent regner dans leur puiffance, & la font ordinairement paroître par la ruine de ceux qu'ils ont avancez, s'ils ne s'en montrent affez reconnoiffans jufqu'au point qu'ils demandent.

Ces ames enflées & malades de préfomption peuvent donc fubfifter quelques années avec les Grands, parce qu'ils en font leur joüet, qu'ils en tirent des fervices, qu'ils les engagent dans des perils qu'elles ne prévoyent & ne craignent point, & que quand il leur plaift, ils les écrafent, les brifent comme un pot de fer en caffe un de terre, s'il en eft choqué. Mais ces perfonnes font infupportables entre celles d'un même état, parce qu'elles les traitent avec mépris, qu'elles veulent difpofer de tout, tenir l'empire, quoiqu'elles n'ayent pas ny plus de lumiere, ny plus de force pour le soûtenir, & que leur éclat ne soit qu'un éclair qui dévance ordinairement les orages. Mais sur tout elles sont injurieuses à Dieu, quand elles se donnent la gloire de tous les bons succez de la vie, qu'elles les regardent comme les effets de leur adresse & de leur generosité, non pas comme des faveurs de la divine misericorde. Dans cette sacrilege ingratitude elles ne rendent point d'actions de graces au ciel; elles n'en demandent point les lumieres ny les secours, ainsi elles demeurent abandonées aux desordes de leurs propres sentimens. Il ne faut donc point s'étonner si elles perissent, étant odieuses aux Grands & à leurs semblables, ingrates à Dieu qu'elles méprisent, qu'elles blasphement dans les disgraces, comme s'il ne les traittoit pas selon leur merite, enfin dont elles offensent l'amour & la bonté quand elles se perdent avec tout ce qu'il leur presente de lumieres & de secours.

Quatriéme Opinion.

On peut s'estimer heureux aprés plusieurs bons succez, tout entreprendre & tout esperer étant heureux.

Toutes les affaires du monde publiques ou particulieres qui occupent les conseils, & où la prudence deploye ses considerations avec les lumieres qu'elle a prise du passé, se rapportent à l'avenir. Car le present seconde avec plus de vitesse, que la pensée & que la parole; il n'est plus quand on dit qu'il est, & tout ce qu'on apporte de soins, pour satisfaire à ce que l'état des choses demandent de nous, ne confiste qu'à les mettre dans les difpofitions favorables aux fuccez qu'on en efpere pour le temps futur. Hé n'eft-ce pás icy où la foibleffe de nos efprits nous oblige de nous humilier profondement fous la fouveraine fageffe qui regit le monde, & qui nous ayant fait libres & raifonnables, pour nous rendre maîtres de nôtre conduite, neanmoins nous cache le futur qui eft la fin des actions humaines, pour nous apprendre à les rapporter toutes à une fin divine, comme la núit cache tous les objets à nos yeux, afin qu'ils ne regardent que le ciel. C'eft la caufe principale des égaremens que fouffrent les hommes du monde d'aller à l'aveugle, peut-être droit dans l'embufcade que leur dreffent leurs ennemis & leur mauvaife fortune, & plût à Dieu que cét aveuglement rabattit quelque chose de leur superbe, des vastes desseins qu'ils forment d'avarice, d'ambition, de vengeance, & qu'au lieu de ces trompeuses idées, ils n'eussent que cette unique prétention de se soûmettre, comme enfant de Dieu, aux ordres de sa providence paternelle.

Aprés que tous les siecles leur ont fait voir l'inconstance des choses humaines, quoique les theatres tous les jours en fassent le sujet de leurs tragedies, pour en rafraichir la memoire & les avis, que la terre ne porte point de conditions affranchies de ces disgraces ; quoiqu'ils ayent vû de leurs propres yeux la décadence des plus illustres familles, le précipice des favoris, la déroute des armées victorieuses, la captivité & la mort des Princes, ils ne laissent pas encore de donner res revint chez luy chargé de dépoüilles, comme si la fortune n'eut eû pour luy que des présens sans rigueur & sans inconstance. Alexandre ne relevoit le courage de ses soldats lassez de tant de victoires, qu'en leur representant sa bonne fortune, dont ils ne devoient pas refuser les graces que les autres peuples tâchent de meriter par tant de vœux. On rapporte d'Amasis Roy d'Egypte, de Cyrus Roy de Perse, de M. Servilius Consul de Rome, qu'ils furent heureux en toutes leurs entreprises. Plutarque s'etend beaucoup sur la vertu des Romains, & n'estime pas moins leur bonne fortune: il dit qu'ayant pris son vol pardessus l'Egypte, la Perse, la Grece, elle s'est venu rendre dans cette illustre Republique, où elle a mis bas ses aîlles pour y faire une perpetuelle demeure, & remplir son é-

Æneas Sylv. de mundo cap. 3.

Plutar lib. de fortun. Roman.

pargne des trefors, fes Temples des trophées de tous les peuples.

Tous ces braves, tous ces grands guerriers, qui n'ont jamais fouffert de difgraces ny de bleffures dans les perils de la guerre, ne doivent pas être tenus pour heureux, au jugement de Solon, qu'aprés leur mort, parce que jufqu'à cette derniere heure fatale, qui les arrache du monde & du nombre des vivans, ils font fujets à toutes les viciffitudes humaines. Aman fut longtemps dans fa puiffance fous Affuerus, Sejan dans la faveur de Tibere, Seneque dans celle de Neron, tous les autres favoris dans l'éclat & l'abondance de la Cour, devant que d'en déchoir par une mort naturelle ou violente. Faut-il s'étonner fi les Courtifans fouffrent ces grands revers de fortune, puifque leurs Princes mêmes n'en font pas exempts; puifque tous les Rois

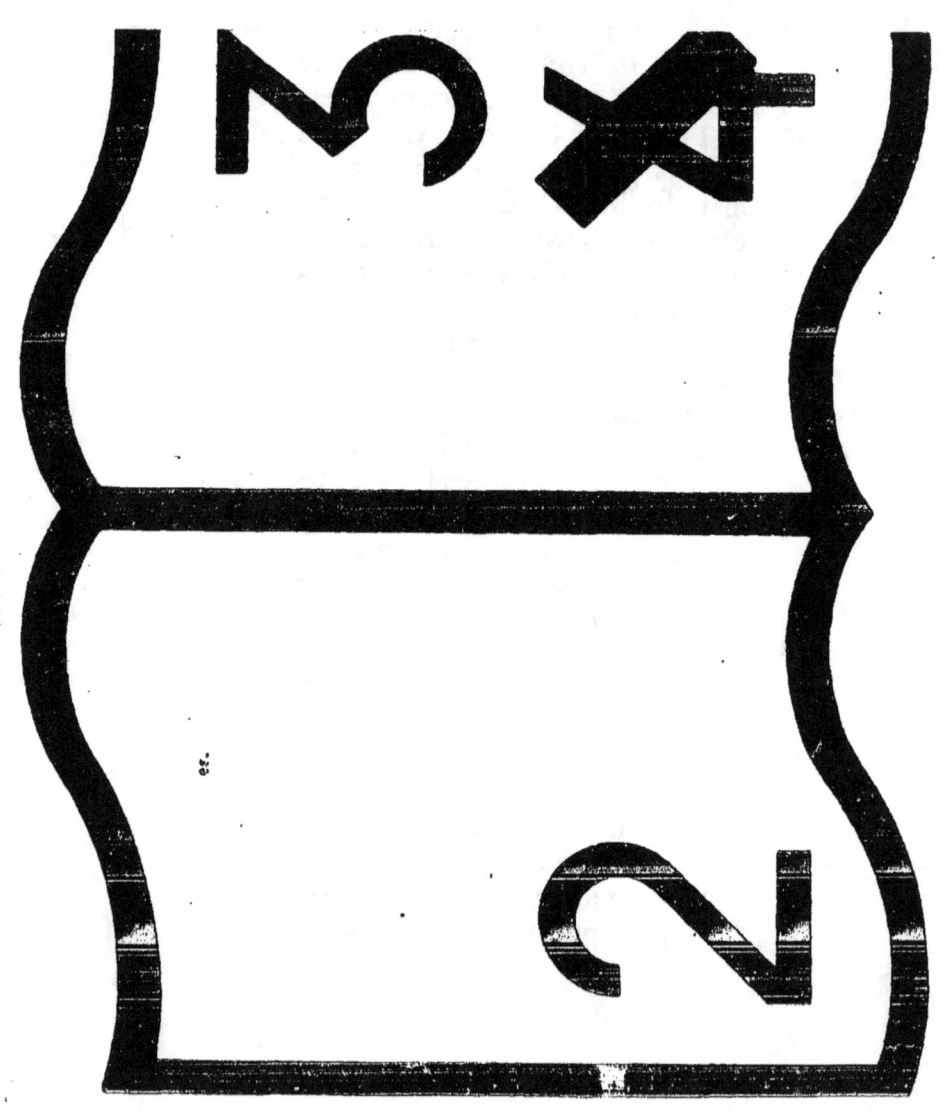

de Rome, excepté deux, ensuite plusieurs Empereurs, Cesar, Tibere, Neron, Galba, Otho, sont sortis du monde par une mort violente ; les Empires mêmes des Assyriens, des Perses, des Medes ; les Republiques de Lacedemone, d'Athenes, de Rome, qui se croyoient éternelles ont pris fin par des violences étrangeres ou domestiques. Enfin la fortune, dit un Ancien, ne donne jamais ses biens, elle les prête, & les retire quand il luy plaist, & quelque paction que vous ayez fait avec elle, elle en sera relevée, comme étant contraire au droit commun de la nature, qui met fin à tout ce qui a pris commencement.

C'est donc sous un faux titre que vous appellez heureux, celuy qui jusqu'à la mort ne souffre point de disgrace, & si vous croyez que sous cette qualité vous avez droit de tout entreprendre, c'eſt une folle préſomption qui faute de voir le peril s'y précipite. Dans une longue ſuite de ſiecles vous compterez peut être dix perſonnes heureuſes juſqu'à la fin, vous diroit un Aſtrologue, parce que leur mort avancée a prévenu les mauvais effets des Planettes, qui ne devoient arriver ſelon l'ordre des directions, qu'à l'extremité de la vie, que la nature permet à nôtre eſpece. Or ſi la mort comprend toutes les privations, ſi elle en eſt la derniere & la capitale, tenez-vous pour une faveur d'être contraint à vous acquitter par un entier payement d'une groſſe ſomme, pour qui la nature a coûtume d'accorder beaucoup de reſpects, & qu'ordinairement elle n'exige que par beaucoup de remiſes, & par de petites parcelles.

Les disgraces dont elle afflige la terre sont regulieres, la nuit & l'hiver viennent à leur temps selon les saisons ; l'Occean s'avance dessus nos terres & s'en retire deux fois le jour, de six en six heures ; la Lune est proche de son décours & de son Eclypse, quand elle a le plus de lumiere ; les autres Planetes tombent dans leurs retrogradations, quand le mouvement est le plus vîte, leurs aspects sextiles & trines favorables, sont immediatement suivis des quadrats & des oppositions qui leurs sont contraires. Ne vous étonnez donc pas si les éminentes conditions du monde viennent à manquer, quand elles éclatent, & qu'elles promettent le plus. Il est vray, ce sont des coups de surprise, & comme ces foudres qui sont tombées autrefois d'un ciel, en apparence serain, mais cela sera

toûjours

toûjours pour conclure que toutes les choses humaines sont dans l'inconstance, qu'on ne se doit pas dire heureux pour quelques succez que ce soit, ny tout esperer avec cette avantageuse qualité, puisque les plus éminentes, sont les plus battuës de l'orage, & les plus sujetes d'être renversées. Le peuple, ignorant du bien & de l'avenir, estime & publie les puissans du monde tres-heureux, dit le Prophete, mais la veritable felicité de cette vie, consiste à n'avoir que Dieu pour maître, ses loix & ses divines volontez pour regle. Hé ! de quoy se peut glorifier un homme qui n'est que poudre, que cendre, que foiblesse, que vanité ?

Pfalm. 143. 15.

Ce sont là des sentimens chrêtiens, dont Sesoistris Roy d'Egypte n'étoit pas capable, lorsqu'il paroissoit en public dans un superbe char de triomphe,

C

tiré par quatre Rois qu'il avoit vaincus. Un jour s'étant apperçû que l'un deux regardoit souvent derriere, prit sujet de luy demander ce qu'il regardoit: » Prince, dit-il, je considere que » cette rouë proche de moy, por- » te en bas par son mouvement » la partie qui étoit en haut, & » la releve aprés l'avoir abbaissée. Sesoistris attendit par là, que la felicité dont il joüissoit, pouvoit changer en un état tout contraire; il n'usa plus aussi de cette insolence contre ces malheureux, reduits à une infortune, où il pouvoit luy-même tomber. Les Anciens rapportoient ces changemens à la fortune, qu'ils feignoient une Déesse injuste, inconstante, aveugle, parce qu'ils n'avoient pas eux-mêmes, ny les yeux ny la raison, pour reconnoître que l'hazard n'avoit point de lieu dans le gouvernement d'une souveraine sagesse, & que nos esprits en étant fort éloignez, le bel ordre qu'elle a mis au monde, leur paroît une confusion ; mais si les cieux extrêmement reguliers sont les instrumens de la providence divine, comme saint Thomas les considere, on peut remarquer en leurs mouvemens & en la suite de leurs parties, les causes des felicitez & des disgraces, des élevations & des abbaissemens qui arrivent successivement dans les Royaumes, comme on juge qu'un arbre renversé par la tempête, ne doit pas rester en cét état, quand on voit au tour de luy des machines & des cordages preparez pour le relever, ou qu'on est prêt à l'abattre, si la coignée pend à son pied, navré déja de quelques coups ; ainsi le ciel peut donner quelques conjectures des grands changemens dans les Etats, afin

D. Th. libro 3. contra Gentiles cap. 82. 83.

Luc. 3.

que la felicité soit plus moderée, n'étant pas sans crainte,
ny le malheur sans esperance de
retour dans une meilleure condition.

CINQUIE'ME OPINION.

Il y a plus de gloire d'agir par ses
propres forces, que si elles étoient
empruntées.

L'Amour est une passion im-
perieuse qui veut regner en
Monarque dans son sujet ; elle
le demande tout entier, & souvent elle se resout aussi-tôt d'en
perdre, que d'en partager la
joüissance. Cela paroît dans les
jalousies qui rompent les mariages, qui divisent les familles,
qui arment, qui désolent les
royaumes & qui ont été quelque-
fois les veritables causes des
guerres, qu'on se figuroit allu-

mées par les flammes plus genereuses de l'ambition. Elles se tiennent quelquefois couvertes en l'amour, mais elles se montrent toutes libres & éclatantes, quand il s'agit du point d'honneur, qu'un seul veut l'emporter sur plusieurs, qui s'y promettent quelque part, & qu'il croit par ses propres forces les éteindre, comme le Soleil en plein midy couvre la foible lumiere des étoiles : En effet, c'est un grand reproche d'impuissance d'aller aux emprunts, car on n'est pas maître de ce que l'on doit ; on n'a donc qu'une partie de toute a gloire qu'on prétend, & l'on renonce à l'indépendance qui est icy bas, le caractere le plus éclatant des choses divines. Aussi le monde a vû des Illustres, qui aprés une longue épreuve de leur esprit au gouvernement, ont agi d'eux-mêmes dans les affaires, sans recourir au conseil qu'en apparence, lorsque les desseins étoient déja tout formez, & les moyens pour y reüssir resolus. Alexandre pressé de quelqu'un des accidens ordinaires en la guerre, ou d'un autre sans exemple, paroissoit aussi-tôt en état d'y donner remede par une intrepide vivacité d'esprit & de cœur, plus ferme que si elle eût été bien concertée par le conseil de ses Capitaines. Il se persuada que ces lumieres & ces mouvemens venans du ciel, étoient les propres effets de son bon genie & de sa bonne fortune, qui ne devoient pas être soûmis à la censure de l'esprit humain, que ces faveurs personnelles étoient incommunicables, qu'il devoit ce respect au principe d'où elles luy venoient, de les tenir infaillibles, de les suivre sans hesiter, parce qu'aussi bien la promptitude de l'occasion ne souffre point de delay, & qu'on est frappé de ces foudres devant qu'une meure déliberation les ait conjurez.

En d'autres rencontres qui ne sont pas d'un moment, plusieurs trouvent leurs sûretez & leurs avantages à n'agir que par leur propre prudence, conduite par la raison, bien informée par le peril des autres, & par les exemples du passé. Ils ont par ce moyen leur secret inviolable, l'ame tranquille, exempte des craintes & des soupçons dont les plus sages ressentent toûjours quelques allarmes, parmi les plus hautes probitez des autres, qu'on voit souvent n'être pas à l'épreuve de l'ambition. S'il faut changer d'avis quand les affaires ont pris d'autres faces, cela se passe sans éclat, sans témoins, supposé même qu'on se sentît coupable d'inconstance :

ainsi la majesté du Prince reste toute entiere, même parmi ses plus favorisez, & en reçoit ce qu'ils luy doivent de veneration. Nôtre Roy Louis XI. vécut toûjours dans cette pratique, qui donna sujet à l'un de ses Courtisans, de luy dire étant à

Dupl. an. 1483. » la chasse : Sire, vous montez là » un tres-excellent cheval, je » n'ay point vû son pareil. Pour- » quoy dites-vous cela, dit le » Roy, j'en ay de plus vigou- » reux & de plus forts, Sire, ré- » pond le Gentil-homme, je dis » cela de vôtre cheval, parce qu'a- » vec vôtre Majesté, il porte tout » vôtre Conseil. C'étoit le cha- toüiller en la partie qu'il avoit la plus sensible, & loüer plûtôt sa capacité, que sa conduite, parce qu'en effet les plus sages se sont toûjours servis de conseil, quand ce ne seroit que pour verifier la verité de leurs sentimens, qu'ils tiennent cachez, pour laisser les autres dans une pleine liberté, & les rendre conformes au sien, en les approuvant.

Quelques lumieres, quelques experiences que le Prince puisse avoir, elles se perfectionnent par le conseil de plusieurs pour les choses mêmes speculatives; quand à celles qui consistent en fait, singulieres, incertaines d'elles-mêmes, elles ne se peuvent bien éclaircir que par les enquêtes, les recherches, & les rapports de plusieurs, dont au moins on tire des conjonctures, faute de plus grandes preuves.

Si le succez en est heureux, le Prince ne laisse pas d'en avoir une double gloire, & de la prudence qui a traité cette affaire dans son Conseil pour n'y rien obmettre, & de l'effet, dont il est la premiere cause, par sa resolution. Si les choses sont traversées de quelque disgrace, il a pour garans & pour excuses toutes les personnes de son Conseil, comme il les a pour panegyristes, quand tout reüssit selon ses desseins. Autrement les personnes que la capacité, que la coûtume, que l'office appelle à ses déliberations, se tiennent offensez d'un rebut, & de ce qu'on ne reçoit pas de leurs bouches des avis, qui n'étant point contestez, leurs paroissent d'une tres-notable consequence. Il est difficile qu'ils n'en témoignent point leur ressentiment, qu'avec un respect bien déguisé qui semble étouffer les plaintes, ils ne rejettent tous les fâcheux évenemens sur un conseil pris sans eux. Le Prince peut néanmoins tenir sous le secret la derniere fin qu'il prétend, faire agir son Conseil & ses Ministres sur d'autres desseins, qui n'en sont que des dispositions éloignées, de sorte que toûjours il aura l'œil pour empêcher qu'elles s'écartent du principal, qu'elles servent au moins à faire une diversion de pensées & de resistances.

L'autre sujet principal où l'on veut agir de soy-même, pour avoir toute la gloire d'un bon succez, c'est de ne point mandier le secours des autres en guerre, quand ce qu'on a de force suffit pour achever les desseins qu'on se propose, & resister aux Puissances qui menacent. Hercule surmonta par ses propres mains & par la force de son bras, les Lions, les Hydres, les Tyrans, les Pirates qui troubloient le repos & le commerce des peuples : aussi dans les Sacrifices que les Saliens avoient coûtume de celebrer tous les ans à Rome en son honneur, ils ne faisoient aucune commemoration des autres

Dieux, parce qu'il avoit gagné ses victoires par luy-même, plûtôt malgré la jalousie, qu'avec le secours du ciel. Les Atheniens portoient le deuïl, comme en la mort de leur liberté, quand leur mauvaise fortune les reduisoit à rechercher l'alliance d'un autre peuple : car outre que ce n'est pas un temps favorable à se faire de nouveaux amis, dans une disgrace où les Anciens & les plus fideles ont coûtume de manquer à leur devoir, ils consideroient encore que la pressante necessité augmentoit leur obligation, & les rendoit redevables, à donner dans les rencontres une semblable assistance, où ils pouvoient perir par le crime & par la fureur d'un autre. Les troupes auxiliaires, n'ont jamais ny le cœur ny la fidelité de celles qui combattent pour la défense de leurs pays ; elles viennent dans le vôtre pour en fortir, fi elles peuvent chargées de butin. Elles en connoiffent bientôt le fort ou le foible, les partis qui leur peuvent être favorables, qu'elles allument & qu'elles grofiffent pour ufurper dans l'occafion ce qu'elles avoient promis de défendre. Les troupes de Mahomet fervirent beaucoup à l'Empereur Heraclius en la victoire qu'il emporta fur Chofroas Roy de Perfe, mais elles en devinrent fi infolentes, que d'un leger mécontentement elles en firent un grand fujet de s'emparer petit à petit de tout fon pays, & de jetter les fondemens d'une tyranie qui fait aujourd'huy trembler tout le monde.

S'il ne s'agiffoit que de tenir fes forces unies, toûjours en état, comme faifoit Salomon, pour fe défendre, & menacer de loing ceux qui voudroient entreprendre quelque chofe contre le repos public, une milice étrangere n'y feroit pas neceffaire ; mais parce qu'il eft difficile que plufieurs puiffans voifins foient long-temps d'accord, & que la felicité de l'un ne pique les autres de jaloufie, on peut fe fortifier contre plufieurs par le fecours de ces peuples qui naiffent dans un pays abondant en hommes, mais fterile en biens & qui n'ont pour principal employ que la guerre ; prenez-les crainte que les autres ne les prennent, ils cherchent maîtres, fans doute vous les aurez contre vous, fi vous ne les engagez pas à vôtre fervice. L'Elefant, le Lion, le Tygre, font bêtes fortes & courageufes, neanmoins la multitude de Chaffeurs les preffe & les tuë. Un feul ne l'emportera pas. Sur un trop grand nombre la multitude l'accable fans le combattre.

Malheur à luy d'être seul, dit « le Sage, car s'il tombe il n'aura « personne qui le releve. Le Roy « Tarquin voyant une troupe de Vautours qui chasserent une Aigle de son nid, en prit un mauvais augure, & crût qu'il luy signifioit la perte de son Royaume. Cesar avoit un serpent apprivoisé qui prenoit la nourriture de sa main : un jour l'ayant trouvé mort, & rongé par des fourmis, il eut dés lors crainte de la conjuration qui peu aprés luy ôta la vie ; ce n'est donc pas toûjours l'effet d'un bon courage, mais une entreprise qui n'est pas conduite par toutes les regles de la prudence, de s'exposer seul contre un trop grand nombre d'ennemis, dont il falloit prévoir les forces, empêcher & rompre l'union.

Il est vray qu'un loup quoique seul, n'a pas peur d'un grand troupeau de brebis, ny le

Dyonis. Halic. lib. 4.

Camer. hist. lib. 2. cap. 9.

faucon d'une volée de pigeons, il fond dessus, tout assûré de sa proye, mais comparer ses ennemis à ces bêtes imbecilles & desarmées, c'est une folle présomption, qui étant sans crainte & sans prévoyance, court infailliblement à sa ruine, sans remede, & sans qu'on la juge digne de compassion. Quand la fortune donneroit quelques avantages à cette temerité, qui demande où sont, & non pas combien sont les ennemis, ce sont de mauvaises victoires que Rome punissoit en ses Capitaines, parce qu'elles étoient gagnez sans raison, & qu'un particulier, pour s'acquerir une ombre de gloire, hazardoit l'honneur & l'interêt de la Republique. L'Opinion est donc tres-fausse, qui dans les conseils, dans les traitez ou dans les guerres, couronne la temerité d'un seul, s'il entreprend de faire par ses

propres forces, sans aucun secours, ce que les plus sages, les
plus experimentez ne peuvent
achever que par les soins, les
diligences, les travaux ; par
l'esprit & par les mains de plusieurs. On n'emportera pas le
même avantage contre une multitude, qu'on a gagné contre un
seul ; Polydamas fut victorieux
de tous les Athletes qu'il com-
battit successivement aux Jeux
Olympiques, mais s'étant un
jour retiré dans la grotte d'une
montagne, & entendant le fracas qu'elle faisoit devant sa chû-
te, au lieu de se sauver, il leva les mains & présenta ses és-
paules, comme si elles eussent
été capables de soûtenir cette *Suidas*
grosse masse, dont les ruines l'é- *in voce*
craserent & l'ensevelirent. *Polyda-*
mas.

Sixie'me Opinion.

L'argent est le prix de toutes choses, qui est le plus riche, est le plus puissant.

LA crainte & le desir, sont deux violentes passions qui possedent le cœur de l'homme, de sorte que chacune d'elles prétend l'avoir tout entier pour ses objets, si vastes & si étendus, qu'ils tiennent de l'infini ; elles ne gardent donc point d'ordre ny d'alternative quand il s'agit de commander, mais elles se pressent, s'interrompent, se broüillent, s'envelopent, comme les flots de la mer agitez de vents contraires, & ne se cedant point la place, elles l'occupent toutes deux ensemble dans une extrême confusion.

La crainte employe toutes les attentions de l'esprit, pour trouver ses sûretez contre les disgraces dont les foiblesses de la nature, & l'inconstance des choses humaines menacent la vie; le desir prétend à la joüissance de tous les biens, où le corps & l'esprit trouvent leurs satisfactions, & qui donnent ce qu'on peut avoir icy de repos & de joye. La fiévre par ces deux accez contraires du frisson & de la chaleur, ne travaille que successivement le corps, mais la crainte & le desir possedent en même-temps l'ame; c'est donc une maladie compliquée, qu'on ne peut guerir par un remede specifique, & sans avoir recours à la Medecine universelle.

Le monde croit l'avoir trouvée, par l'invention de l'argent, qui calme les craintes, qui accomplit les desirs, qui est devenu le prix de toutes choses sensibles, spirituelles, & en quelque façon des divines : En quelque pays que ce soit, vous aurez à la faveur du commerce, tout ce que les autres portent de rare pour les délices des sens, pour les instructions de l'esprit dans les Arts & dans les Sciences ; l'argent remplit les cabinets de tout ce que la mer produit de precieux en coquillages, en corail, en perles, en ambre, en figures & en qualitez prodigieuses de poissons qu'elle cache dans ses abymes ; & dont elle tâche de rebuter nos curiositez par ses furieuses coleres. Les Indes, qui nous envoyent l'or & l'argent, nous donnent moyen de voir dans les basses cours de Versailles, les Lions, les Tygres, les Leopards, les Elefans, les Rhinoceros, les Autruches, les Civetes de l'Afrique, les Ours, les Castors du Nord, les Perroquets, les admirables oiseaux des Indes ; Enfin l'argent ramasse dans une maison de plaisance, pour la satisfaction des yeux, toutes les creatures que la main de Dieu avoit assemblées dans l'Arche de Noë, pour les sauver du déluge.

L'argent nous fournit les Livres qui nous rendent comme presens à tous les siecles passez ; ils donnent la conversation & le moyen de nous former sur la conduite des plus illustres personnages qui fleurirent en ces temps-là ; nos Bibliotheques nous reçoivent dans leurs assemblées, pour y être non seulement les auditeurs, mais les arbitres & les juges de leurs sentimens. L'argent est, comme on dit, le nerf de la guerre, sans luy les canons & les convoys ne marchent point, le soldat manque de force & de cœur, jusqu'à tourner ce qui luy en reste contre ses Chefs, s'il n'en reçoit la subsistance. Sans verser le sang dans les combats & dans les assauts, l'argent donne l'entrée dans les places fortes & les enleve toutes entieres, sans que les canons ny les mines les ayent ruinées. Qui est riche & liberal peut gagner le peuple, & se fortifier dans ses desseins par la multitude. C'est pourquoy il n'étoit entierement permis qu'au Prince de faire les largesses publiques d'or à ses sujets, parce que luy seul a droit de posseder ses affections. Ne peut-on pas faire de tres-bons usages de l'argent, si on l'employe à racheter les captifs, à nourrir les pauvres, à mettre les prisonniers en liberté, & les rendre à leur famille désolée par leur absence? Ces biens qu'on appelle perissables peuvent servir aux autres œuvres de charité, qui remettent les pechez, qui éteignent les flammes prêtes à les punir, qui nous remettent en grace

Lib. 2. cap. de Consul.

avec Dieu, & nous deviennent des tresors d'immortalité ; l'amour des richesses ne semble-il donc pas tres-legitime, qui peut être le prix de si bonnes choses ?

Mais s'il est vray que nos inclinations naturelles nous portent beaucoup plus au mal qu'au bien ; ce prix indifferent de toutes choses, des mauvaises comme des bonnes nous est perilleux, parce qu'il nous tire, qu'il nous pousse dans la pente d'un précipice où nous tombons nous-même : il nous donne une libre entrée dans des excez, dont Dieu nous bouche ordinairement le passage par l'impuissance ; l'argent attire les hommes aux desordres par la voix de l'opinion, par la facilité des sujets, par les charmes du plaisir, par les applaudissemens de l'honneur ; il en enflamme le feu des mauvaises voluptez

Osée 2.

dans les cœurs qui s'y trouvent avoir plus de dispositions, comme la chaleur, quoique moderée de l'esté, fait boüillir le sang dans les veines, causent des fiévres & des heresipeles en un corps dont le temperament est bilieux.

On feroit un autre jugement des richesses, si ce qu'elles donnent de pouvoir se rencontroit toûjours avec les habitudes de la vertu ; si en l'homme, comme en Dieu, la toute-puissance étoit inséparable de la sainteté, mais puisqu'on voit par experience, selon le Proverbe, que le riche est ou méchant, ou l'heritier d'un méchant, on ne doit pas s'étonner si ces viperes sont les productions & les causes de leurs semblables, si les richesses naissantes des vices les multiplient par une malheureuse fecondité ; elles arment en effet toutes les passions, & de foibles qu'elles qu'elles étoient dans une mediocre fortune, elles les rend insolentes jufqu'à croire qu'aucune chofe ne leur peut être impoffible. En cét état l'amour ne regarde point de beautez fi éclatantes, fi fublimes, fi folitaires, qu'il ne fe promette de les corrompre par une pluye d'or. L'ambition pouffe hardiment fes deffeins, ayant le moyen de gagner le cœur des grands & des petits, de broüiller l'Etat par des revoltes, par des guerres étrangeres ou domeftiques. La vangeance ofe tout quand elle peut acheter, quoique cherement, la perfidie des domeftiques, la cruauté des affaffins; furprendre les loix & les Magiftrats, par la fauffeté bien concertée, des titres & des témoignages; en un mot, il n'y a point de crimes, de parricides, de facrileges, qui ne demeurent impunis; fi l'argent eft le prix de toutes choses, des mains & des consciences ; c'est pourquoy la verité nous prononce cét oracle dans l'Evangile, que l'avarice est une idolatrie, parce qu'elle inspire, qu'elle facilite toutes les abominations dont l'enfer avoit corrompu le monde au temps des Payens.

S'il faut qu'un homme ne vive pas selon les sens, comme une bête, mais par les regles de la raison & de la conscience, qui est la loy de Dieu, pour s'acquitter ici des bonnes œuvres qui sont les semences de la gloire : Il est aussi peu possible, dit nôtre Seigneur, que le riche y soit reçû, que de faire passer un gros cable de Navire, ou un Chameau avec sa bosse par le trou d'une petite aiguille à coudre, car cét argent, cét or que vous considerez comme un secours de la vie, est une pesante charge qui l'abbat, qui

Math. 19.

remplit le cœur de convoitise, l'esprit de soins, d'inquiétudes, de craintes, souvent de douleurs & de desespoir, toutes passions contraires aux tranquillitez de l'innocence. Vous croyez cet homme maître de ces grandes possessions & de ces tresors, mais en effet, il n'est que l'esclave mis en sentinelle pour les garder; il ne les possede pas, il en est absolument possedé. Il a perdu la liberté de son esprit, qui auparavant pouvoit trouver d'incomparables & innocentes douceurs en la contemplation de toutes choses créés dans les merveilles de la nature, dans les secrets des Arts & des sciences, dans les sentimens de l'éternité qu'il avoit pour entretien, mais depuis que l'avarice s'est emparée de cette noble puissance, elle ravalle toutes ses pensées à la supputation des sommes qu'elle enferme déja dans ses coffres,

& qu'elle fait état d'y amasser. Son cœur que la grace invitoit à se répandre dans les espaces infinis de la charité divine, & à concevoir les saintes ardeurs des Seraphins, prodigue miserablement ces grandes capacitez en des passions basses, étrangeres de sa nature spirituelle, qui les gesnent & qui les condamnent. Il est tout rempli des craintes de mille accidens qui tous les jours luy peuvent ravir ce qu'il s'est acquis avec tant de peines ; il souffre une soif insatiable d'accroître ses biens, d'extrêmes regrets d'en avoir perdu quelques belles occasions, des envies desesperées de voir le progrez de ceux qu'il ne sçauroit égaler.

Ne considerez donc plus les richesses comme avantageuses aux pratiques de la vertu, de la pieté, ny des sciences, en ces personnes qui ne les aiment que pour elles-mêmes, pour le corps, non pas pour l'esprit, pour cette vie, non pas pour celle qui nous est promise au ciel ; car ils estiment tous les employs fols, imaginaires, sans fruit, sans utilité, hors celuy d'amasser des biens. Ne soyez pas de leur opinion qui exclud l'honnête, & la vertu d'entre les biens qui meritent nôtre amour, qui ne juge rien de solide que ces commoditez exterieures, quoiqu'elles soient plus sujetes que toutes les autres choses aux inconstances de la fortune; ainsi ne tenez pas que le plus riche soit le plus puissant.

Ces richesses ne sont d'elles-mêmes qu'une matiere pesante, morte, sans action & sans mouvement, bonne ou mauvaise selon les qualitez de la personne qui en fait l'usage ; c'est un pinceau qui n'emplira pas la table d'attente de figures rapportantes au naturel, s'il n'est conduit par une subtile & sçavante main ; c'est un luth, quoique bien monté, qui ne contentera point l'oreille par ses accords, s'il n'est touché par un bon maître. Mettez les richesses entre les mains d'un homme qui n'a pas le sens commun, il n'en sçaura pas le prix, ny ce qu'elles luy donnent de pouvoir, il en fera des profusions à des personnes indignes ; elles seront des proyes exposées à la subtilité & à la violence de ceux qui les premiers les pourront ravir, & celuy que vous appelliez le plus puissant, sera bien-tôt l'esclave d'un victorieux revêtu de ses dépoüilles. Cresus étoit incomparablement plus riche que Cyrus, neanmoins il en est vaincu, pris captif, mis sur le bucher, tout prêt d'y être brûlé, sans une voix qui témoigna l'inconstance des choses humaines, que son cœur pouſſa pour ſe ſoulager, & que celuy de ſon victorieux reçût avec compaſſion. L'Empereur Paleologue aſſiégé dans Conſtantinople par Mahomet, ne voulut point lever de troupes auxiliaires, qui pûſſent fortifier ſes garniſons & empêcher que ſon ennemi ne fut maître de la campagne. Il prit cette lâche reſolution pour épargner ſes treſors qu'il perdit bien-tôt aprés avec ſa Ville, ſa vie, & ſon Empire. Mauſul Roy d'Armenie fit la même faute, étant aſſiégé par Allau Roy des Tartares, car ne voulant point toucher aux grands treſors qu'il avoit d'or & de pierreries, il ne leva point aſſez de troupes, ainſi ſa Ville fut priſe, luy conduit à ſon ennemi, qui le fit mourir de faim entre ſes treſors, où il avoit mis toutes ſes eſperances. Une mort ſi miſerable fut un important avis à toute la poſte-

Duplex l'an 1453.

Paulus Venetus rerum Orient. lib. 1. cap. 16.

rité, de ne mesurer pas la puissance à la grandeur des richesses amassées, inutiles & mortes, comme si elles étoient encore dans les mines. L'avarice a de tout temps été funeste aux Etats & le mauvais destin, pire que celuy des astres plus infortunés, qui a causé leur ruine, car pour ne point affoiblir l'épargne, elle manque aux pressantes necessitez de la guerre, elle abbat le courage de ses soldats faute de subsistance & de secours, elle releve celuy des ennemis par les esperances d'un grand butin, elle rompt la bonne intelligence du Prince avec ses sujets, & elle separe le corps de sa tête qui meurt la premiere.

SEPTIE'ME OPINION.

On ne sçauroit avoir trop de biens pour subvenir aux necessitez presque infinies des familles.

LEs passions ne se monstrent jamais plus violentes, leurs saillies ne prennent tout ce qu'elles veulent de libertez & d'audace, que quand elles se croyent appuyées d'assez de raisons pour paroître justes & legitimes. La colere est éloquente à representer les injures qu'elle a reçû sans sujet de ceux dont elle esperoit des gratitudes aprés beaucoup de bienfaits ; elle en décrit les froideurs, les fraudes & les perfidies qui ont lassé sa patience jusqu'à des extrêmitez insupportables, à moins d'être insensible. La crainte n'aura pris la fuite que dans un peril non moindre que d'un torrent, d'une ruine, d'un incendie, d'une multitude armée, où la resistance est impossible, la necessité de peril inévitable, sans une prudente retraite, que reserve le courage pour de meilleures occasions. Ainsi l'avarice fait hardiment, sans crainte & sans honte ses amas, sous pretexte de l'obligation que chacun a, de pourvoir aux necessitez de sa famille, de les prévenir, & se fortifier contre la misere, de sorte qu'on ne soit plus en état de la craindre.

Dieu, qui est le pere & le créateur du monde, le soûtient par sa toute-puissance immediate, par la commission qu'il en donne aux Anges, aux cieux d'y répandre leurs lumieres & leurs vertus, & aux élemens d'y faire un concert de leurs qualitez qui détermine celle de differentes especes.

L'air nourrit les plus legers des oyseaux qui volent ; les fleuves, les étangs, les lacs, les mers, fournissent de nourritures aux poissons qu'ils ont produit, la terre aux plantes & aux animaux qu'elle porte ; chaque oyseau, chaque animal nourrit ses petits avec des tendresses, des diligences, des generositez, qui tous les jours nous ravissent d'admiration. Or l'homme plus approchant du premier principe, qui est un amour essentiel, doit avoir des affections plus empressées, & plus constantes que celles de toutes les autres creatures, pour ses enfans, de sorte qu'elles passent d'une personne, jusqu'à une longue posterité. Ces considerations prises en elles-mêmes seroient legitimes, si elles étoient accompagnées de la mediocrité, qui est la forme universelle des vertus, & si l'opinion ne passoit point à des excez qui causent quasi tous les maux du monde, les inquiétudes, les querelles des familles, la ruine des Provinces, la perte des ames, tant des peres que des enfans.

Jesus-Christ ordonne aux siens de faire dés cette vie une charitable distribution des biens qu'ils possedent, afin que malgré les accidens qui les leur peuvent ravir, & la necessité de la mort qui les en dépoüillera, ils puissent les mettre aux banques du ciel avec de grands interêts, par les mains des pauvres. Il conseille pour une plus grande perfection, de les abandonner absolument, pour être à sa suite déchargez des soins de la terre, dans la paix & l'integrité de cœur que Dieu demande, pour y faire sa demeure. Les Chrêtiens sont aujourd'huy bien éloignez de cette desappropriation, *Salv.* dit Salvien, puisque non seulement ils se veulent conserver la jouïssance de leurs biens toute leur vie, mais ils se la rendent autant qu'ils peuvent perpetuelle, les faisant passer par une longue suite de leurs enfans, où la nature, le sang, l'amour, le nom, fait revivre leurs personnes.

lib. 2. ad Eccl. Cathol.

Ils ne se contentent pas d'entretenir ces vivans portraits d'eux-mêmes dans une condition égale à celle de leur naissance; ils veulent se reproduire en eux, plus noble que la providence ne les avoit fait, & se donner en leurs descendans des vies aussi sublimes que leur amour propre s'en forme l'idée, & que leur ambition en conçoit les esperances. Or d'autant que les progrez de la vertu, du travail & de l'industrie, ne sont pas toûjours infaillibles, & sont trop lents pour l'ardeur de ces passions; un pere qui veut bâtir la haute fortune de ses enfans, tâche d'aller plus vîte que leur âge. Il commence par cette refolution de n'avoir en fes deffeins & en fa conduite, aucun égard aux loix divines & humaines, aux avis ny aux remords de la confcience; fous un mafque de probité, prendre toutes les occafions poffibles de s'agrandir, & fans hefiter les tenir pour juftes, fi elles luy font avantageufes. En cette difpofition il fe jettera dans les finances, prendra un party dont les profits, qui ruinent les Provinces, font fecrets, les pourfuites en apparence incertaines & onereufes. S'il eft entre les Officiers de la Juftice, fes mains, ou celles de fes domeftiques feront ouvertes aux préfens, faciles à couvrir ou à détourner ce qui feroit la décifion d'une caufe. Dans la guerre, les maux qu'un homme fans confcience y peut faire, font infinis, par les pillages, les exemptions cherement venduës, les monopoles, les secretes intelligences avec les ennemis, tous crimes si honteux en des personnes qui font une publique profession de l'honneur & du courage, que parmy tout ce qu'on en souffre de misere, il en faut étoufer les plaintes. Enfin ces éclatantes & promptes fortunes, ces millions amassez en peu de temps dans une famille, sans avoir la faveur du Prince, sans l'invention des arts ny des tresors, ne peuvent venir que d'une mauvaise foy.

C'est dites-vous, pour vous avancer des enfans, & relever la bassesse d'une famille, mais tout cela procede d'un amour propre, qui est, comme nous avons dit la source de tous les maux, & qui devient un crime public quand il offense les interêts de la Justice & de l'Etat.

C'est un grand vol, plus punissable de ce qu'il se fait de nuit & en tenebres, c'est une violence plus détestable, de ce qu'elle s'exerce par le moyen des arts illicites, par les fraudes, comme par la magie & par le poison, que si on y employoit le fer & la force ouverte. Dieu vous avoit donné des enfans, comme une benediction qui couronnoit vos desirs, qui preparoit des secours à vôtre vieillesse, & des mains telles que vous les pouviez desirer pour recevoir les fruits de vôtre travail. O quelle reconnoissance de prendre sujet d'offenser sa divine majesté, par les présens même qu'elle vous fait ? Quoy ces enfans qui sont les causes de vos obligations, & qui doivent être les motifs de plus grandes fidelitez, passeront-ils pour excuse de vos negligences & de vos crimes ? Vous les deviez instruire à la vertu, afin qu'ils fuſſent capables de recompenſer vos défauts, de ſervir l'État, d'être des colomnes en l'Egliſe, des Anges au ciel, Au contraire vos paroles & vos exemples les ont imprimé des fauſſes maximes du monde avec des biens qui ſeront les cauſes de leur perte, de vos regrets & de vôtre condamnation. Ne craignez-vous point que Dieu pour ſauver leur innocence de vos mains qui la corrompent, & que pour vous ôter ces objets d'un amour ſi déreglé, qui vous engage à tant de deſordres, ne les enleve du monde? C'eſt, dit ſaint Gregoire de Nyſſe, un des ſecrets motifs de la juſtice divine qui renverſe ſouvent les deſſeins & les conſeils des grandes maiſons, par la mort ineſperée d'un fils unique qui en étoit les delices & en ſoûtenoit les eſperances. Ne vous plaignez point de ce

Divus Gregor. Nyſſen. lib. de his qui præmaturè abripiunt.

coup de foudre, dont vos infolentes & infatiables aviditez ont depuis long-temps fourny la matiere, & qu'enfin elles ont attiré deſſus vôtre tête.

Vous mêlez parmy vos autres biens, ceux que vous avez mal acquis, qui peut-être feront la cauſe d'une ruine totale, comme deux ou trois pieces pourries font tomber un bel édifice, & perir un grand Vaiſſeau ; car la juſtice divine ne s'arrête pas ſeulement à la perſonne criminelle de ces rapines : ces choſes réelles portent avec elles la charge d'être redemandées & pourſuivies juſqu'à la quatriéme generation. Quand donc vous amaſſez injuſtement ces grandes richeſſes pour relever vôtre famille : Vous faites pour elle un treſor de maledictions, comme dit l'Apôtre, vous creuſſez ſous elle une mine de ſouffre & de flammes, qui au jour fatal de la vangeance renverseront les fondemens d'une fortune que vous croyez éternelle.

Tous les siécles en ont vû des exemples memorables, afin de desabuser les hommes de cette prudence de la chair qui est une folie devant Dieu, car sa providence ne conserve pas ce qu'elle n'a pas édifié, mais renverse plus facilement ces grandes machines, que le Soleil ne dissipe un petit nuage.

Si les enfans ont de bonnes qualitez, les grands biens leur sont inutils, car la vertu jette des éclats qui la feront bien-tôt reconnoître & meriter tout ce qu'il luy faut pour la bien-seance de ses emplois ; que s'ils sont infectez de vices, les richesses ne feront que les entretenir & les accroître, elles en formeront les habitudes, & en feront des necessitez, des dégats & des profusions ; que sous un prétexte d'honneur on sera contraint d'entretenir par de nouvelles & plus violentes concussions.

Les richesses seront entre les mains d'un mêchant, comme sont entre celles d'un furieux les armes dont il blesse, sans reconnoître ceux qu'il rencontre, & qu'il tourne enfin contre luy-même, si la force ne les luy arrache. Il faut conclure ce discours par celuy que Tobie tint à son fils : Mon enfant, luy dit-il, nous passons une vie pauvre, mais tranquille, & qui sera comblée de plus de joye que la joüissance de tous les biens de la terre n'en peut donner, si nous avons la crainte & l'amour de Dieu. David dit sur ce sujet : je n'ay jamais vû un homme de bien manquer de ce qu'il luy faut pour la subsistance de sa famille ; il passe toute sa vie dans les exercices de miséricorde ; il prête ; il donne ses biens, ses

Tob. 4.

Ps. 36.

forces, ses avis pour le soulage- «
ment de son prochain, nean- «
moins Dieu benit de sorte ses «
descendans, que jamais ils ne «
sont reduits à l'extrêmité de la «
misere, car le souverain bien où «
il attache ses affections, com- «
prend toutes les autres par émi- «
nence. «

HUITIE'ME OPINION.

Donner quelques-uns de ses enfans à Dieu & au service de l'Eglise.

LA generation qui entretient les especes & le monde par de nouvelles naissances, n'est pas un effet qui releve seulement de la nature, & que les êtres singuliers soient capables de produire, comme j'en ay fait la preuve dans un autre lieu. C'est la même voix toute-puissante de Dieu qui agit encore en ce *Theol. naturel. tom. 1. part. 2. cap. 9.*

siécle, comme au premier jour du monde, quand elle fit le commandement à toutes choses de croître & de se multiplier. Mais ce premier être en cette commune diffusion de sa bonté, qu'il fait par une parole, la figure de son Verbe, se monstre principalement le pere & le createur de l'homme ; ses mains façonnent toutes les parties de son corps avec des justesses, des proportions, des aptitudes, qui sont autant de miracles, au sentiment de Galien, & puis il crée immediatement l'ame raisonnable, qu'il y verse & qu'il enrichit de facultez rapportantes aux perfections de sa nature divine. Aussi l'Ecriture sainte rapporte que les Patriarches ne parloient de leurs enfans, qu'avec cette humble reconnoissance de les avoir reçûs de la main de Dieu, & de les mettre au rang de ses plus grandes benedictions. Ils

Galen. lib. de usu part.

conçûrent ce sentiment, parce que plusieurs de leurs femmes, comme Rebecca, Rachel, Anne, & d'autres qui étoient steriles par un défaut de nature, devinrent meres de plusieurs enfans d'une longue & sainte posterité qu'elles avoient obtenu de Dieu par leurs prieres & leurs sacrifices. Ces faveurs du ciel en la naissance de l'homme, furent plus sensiblement remarquées en ces grandes Dames qui étoient lors d'illustres sujets, pour faire avoüer que la fécondité n'est pas un effet de la nature, c'est-à-dire, d'un droit commun étably de Dieu pour toutes les choses animées, mais à nôtre égard une faveur singuliere de ses graces & de ses misericordes.

Theodoret. in Genes. q. 75.

Les prémices des fruits & des animaux qu'on luy offroit, même dans la loy de la nature, étoient des hommages qui l'a-

doroient comme la premiere cause des naissances, toutes desti-
nées au service & aux usages de
l'homme, & afin que ces rede-
vances ne parussent qu'un accessoire du principal, le premier
né des enfans luy étoit solem-
nellement offert, pour ensuite
s'acquitter des devoirs du Sacerdoce, luy offrir des sacrifices,
en porter les marques illustres,
en faire les frais au nom de toute la famille, qui en reconnoissance luy accorde un préciput
au partage de ses biens. Les
Abyssins vivent encore dans leur
ancienne coûtume, qu'un pere
de famille qui a trois enfans
mâles, en doit donner un à la Religion de S. Antoine. Ces Religieux ne se peuvent marier
qu'une seule fois; leur premier
âge se passe en divers emplois
pour le service du Prince, tout le
reste de leur vie dans les guerres
pour la défense de leur patrie &
de

Davity des A-byssins.

de la foy chrêtienne, jufqu'à ce que leur vieilleffe foit reçûë avec honneur, & tout ce qui fe peut de commoditez dans leurs Couvents, dotez pour cet effet de grands revenus.

Ne femble-t-il pas que la pieté des Chrêtiens imite aujourd'huy celle des Patriarches, quand de plufieurs de leurs enfans ils en deftinent quelquesuns à l'Eglife & au fervice de Dieu, comme les ôtages des fidelitez que toute la famille luy doit, & qu'elle fouhaitte luy être renduës par cette partie d'elle-même qu'elle engage pour cét effet dans une condition plus tranquille & plus innocente que celle d'une vie commune. Les raifons en font tres-juftes, la conduite en paroît tres-fainte, neanmoins j'y remarque de notables differences, d'avec celle de nos premiers Peres. Ils confacroient à Dieu leur aîné, comme le premier & le plus noble objet de leur amour. Aujourd'huy les aînez font de reserve, pour porter le nom, les armes principales, & soûtenir l'honneur de la famille, qui est la cause de leur préciput ; s'il y a beaucoup d'enfans, pour en éclaircir le nombre, on destine un cadet à la soûtanne, & quelque resistance qu'il puisse faire, il s'y trouve condamné. Les aînez entre nos Anciens, avoient la plus notable partie de la succession pour l'employer aux devoirs du Sacerdoce, ainsi le pere offroit à Dieu une partie de ses biens, avec la chere personne de son fils. Aujourd'huy celuy des enfans qui a les qualitez du corps & de l'esprit en apparence moins avantageuses, est destiné pour l'Eglise, comme une victime impure & contrainte, que la famille ne donne que pour sa décharge,

Il se peut faire aussi que ce soit pour un plus grand sujet d'accommodement, car c'est à dessein que Monsieu l'Abbé, ainsi nommé pere dés son enfance, sera rempli par faveur de Benefices si notables en revenus, qu'il ne prendra point de part à la succession, & qu'il attirera les biens de l'Eglise dans sa famille par un si long & si continuel usage de main en autre, qu'ils y seront comme hereditaires. L'enfant est encore dans le berceau qu'on luy obtient des dignitez & des préseances dans l'Eglise, non pas sans fruit & sans effet ; car dés ses premieres années, dés l'instant de la nomination, le pere prend l'intendance de l'Abbaye, en exige les revenus, reduit la mense des Religieux au plus bas qu'il peut ; s'il a des terres voisines, il en sçait faire les accroissemens insensibles, comme ceux des inondations, il trouve moyen d'y joindre petit à petit ce qui n'étoit pas dans ses bornes, & en legitimer enfin la joüissance par un long usage.

Il est vray, le Roy vous accorde l'Abbaye vacante que vous luy demandez pour vôtre fils, quoique jeune, il peut être en cela reconnoissant des soins & des fidelitez que vous avez témoigné pour son service ; mais il vous suppose, homme de conscience, & que vous êtes assez instruit que les biens de l'Eglise sont des annexes inséparables des choses spirituelles, qui ne peuvent pas être employez en usages communs, comme pour les necessitez de vôtre famille, beaucoup moins à nourrir le luxe & la vanité. Ces revenus sont les sacrez dépôts que la pieté des Princes & des peuples a fait pour honorer Jesus-Christ par l'entretien de ses Ministres ; il les fait siens, comme le prix de son sang, le fruit de ses graces, comme des obligations qui luy sont faites par vœu pour le rachapt des ames & des pechez; ils sont le patrimoine des pauvres, des veuves, des orphelins, qu'on ne sçauroit employer à des usages prophanes, sans un manifeste sacrilege. Le Prince vous donne ce Benefice avec ses charges, comme une maison avec ses servitudes réelles qui n'en peuvent être separées. Par ce moyen, sans toucher à vos revenus, vous pouvez prendre sur ceux du Benefice, le necessaire entretien de vôtre fils aux études, pour le rendre plus capable de servir l'Eglise & l'Etat, & du surplus il vous oblige de soulager les habitans des lieux, peut-être opprimez de guerre & de tailles.

Mais pourquoy ne donner que le superflu, puisque suivant les

Canons les pauvres ont essenciellement une quatriéme partie aux biens de l'Eglise; que si cette sainte Congregation fut premierement fondée en pauvreté, les grandes richesses survenuës par la Providence, doivent être considerées comme les pains & les poissons multipliez au desert, qui fûrent premierement distribuez aux pauvres, de sorte que les Apôtres n'en receüillirent pour eux que les restes. Saint Paulin, S. Hilaire, S. Ambroise, S. Charles Borromée, tous les saints Prélats venant à l'Episcopat, donnerent tous leurs biens de patrimoine aux pauvres, pour se réduire à leur rang, & ne prendre, après en avoir satisfait les necessitez, que ce dont ils ne se pouvoient passer comme leurs serviteurs & à leur égard, les Ministres de la providence.

Math. 15.

C'est une déplorable consideration, de dire qu'il vaut mieux que les biens de l'Eglise soient employez frugalement par un pere à l'entretien de sa famille, que par le Benéficier qui en fait des profusions, à nourrir ses vanitez & ses crimes : Les abus du pere & de l'enfant ne se servent pas d'excuse l'un à l'autre ; le pere se doit abstenir entierement des biens de l'Eglise, le fils en doit faire des usages moderez, selon les Canons, & c'est en cela principalement que la reforme qu'on promet à nôtre siécle, doit travailler avec plus de vigilance, pour ôter le plus grand reproche qui se puisse faire à la profession chrétienne : Que sa plus noble partie soit la plus malade, que les plus obligez au Crucifix par ses Benefices, fassent gloire d'en être les plus méconnoissans, & les ennemis déclarez. Hé vous appellez cela donner vos enfans à

Dieu, de décharger vos familles des moins parfaits pour les mettre dans l'Eglise, comme dans un lieu propre à recevoir les restes, les rogneures & les rebuts d'un beau monde. Ce n'est pas assez d'offenser en cela l'Epouse du Verbe divin, plus éclatante que le Soleil, & sans tache, on se sert encore de cét injuste moyen pour usurper les choses sacrées & les mettre entre des mains seculieres. La surprise n'est-elle pas étonnante, de rendre tout d'un coup maîtres de la perfection ceux qui n'en ont aucune idée, aucun exercice, aucune habitude, qui font même état de n'en avoir jamais la volonté : Il est étrange que les plus lâches en la milice spirituelle, reçoivent la recompense des plus genereux, qu'un seul, inutil, même nuisible, reçoive la paye de dix & vingt personnes doctes & saintes qui pourroient faire de grands profits à l'Eglife par l'integrité de leur fcience & de leurs mœurs. On ne feme pas le bled fur une terre fterile, beaucoup moins fi elle changeoit cette femence en titimale: en folanum, en aconit, c'eft ce que font ceux qui tenant de grands Benefices en l'Eglife, en corrompent la doctrine, en affoibliffent autant qu'ils peuvent l'autorité, & ne tombent pas feulement dans le reproche que le Prophete fait aux mauvais Prêtres, d'être femblables au commun du peuple, mais de l'offenfer par un fcandal dont l'admiration feroit continuelle, fi les excez n'en étoient paffez en coûtume.

Ofee. 4.

Si ces confiderations faintes & publiques n'arrêtent pas le deffein des peres avides des biens de l'Eglife, s'ils font fi fenfibles à leurs interêts, je les fupplie de remarquer qu'ils les

E v

offensent quand ils se trompent d'ordinaire aux choix qu'ils font des enfans destinez pour être d'Eglise. Ils sçavent par leurs propres experiences, que même, selon l'ordre de la nature, les cadets ont souvent plus de force, plus de vigueur d'esprit & de corps que les aînez, parce que les principes en sont plus parfaits, l'éducation moins delicate. De là l'on a vû souvent paroître des generositez incomparables, des fortunes éminentes qui ont relevé l'honneur des familles, & merité les couronnes par un applaudissement public au préjudice du droit commun & des privileges de la naissance. Celuy donc que vous destinez à la soûtanne, eût plus heureusement porté l'épée, si vous en eussiez bien étudié le genie & les grandes inclinations, si vous ne les eussiez point corrompuë par une vie toûjours

Digest. Sap. gloria durationis. ₰. primogeniti post-habiti.

contrainte, lâche & sedentaire. Aprés toutes ces violences, enfin la nature reprend ses droits, & vous n'avez qu'un mauvais Ecclesiastique, le reproche de vôtre maison, pour un genereux, capable de tous les grands emplois, & de plus beaux titres qui pouvoient le rendre tres illustre.

Je ne dis rien icy des filles qu'on met par force, avec tout ce qui se peut de mauvais traittement, en Religion, pour la décharge des familles, qu'on exherede peut-être parce qu'elles sont les puis-nées, les moins avantagées de la nature, les plus souples à la cruauté qui les immole, & qui punit en elles la trop grande fecondité de ses pere & mere. J'ay representé *Agent de Dieu part. 3. chap. 8.* dans un autre Livre les justes plaintes de ces pauvres affligées, de la necessité qu'on leur fait d'une vie qui blesse leurs inclinations, qui leur ôte sans sujet tous les biens que la loy leur donne, les libertez qu'elles tiennent de la nature, qui les expose à faillir contre ce que leur bouche a promis, quoiqu'intérieurement elles ne l'ayent jamais ny desiré ny voulu. Il est vray que pour adoucir un peu ce remede violent des familles, les plus illustres poursuivent à quelque prix que ce soit des Abbayes ou Coadjutories pour leurs filles, & couvrent le nom de Religieuse, par celuy d'une dignité. Le desir de commander est si puissant, sur tout en ce sexe né pour obéïr, qu'il le fait passer pardessus toutes les autres considerations des sens & de la nature. Le Monastere leur est un petit Royaume, où l'éminence qu'elles tiennent, la liberté d'agir, de faire des loix, des graces, des creatures, leur donne quelque essay de la grandeur qui flatte la generosité de l'esprit, & qui dans les Princes recompense toutes les fatigues du gouvernement. Mais les chaînes, quoique d'or, ne laissent pas d'être pesantes, incommodes, enfin insupportables au corps qu'elles attachent & qu'elles captivent. La nature ne se laisse pas toûjours conduire à l'opinion, elle s'en lasse, elle s'en défait aprés quelque temps, & sans doute elle reprendroit ses droits, sans les lumieres & les ardeurs d'une grace toute-puissante, qui remet l'ame dans la liberté des enfans de Dieu, & qui d'une necessité en fait un grand sujet de merite.

Neuvième Opinion.

Dieu nous a donné les biens sensibles pour en joüir, on n'en est privé que par impuissance.

LE sentiment est tres-raisonnable & tres-saint, de reconnoître qu'on tient les biens sensibles de la main de Dieu, & que la même souveraine bonté, qui d'entre toutes les choses possibles nous a mis en l'être, nous y conserve & pourvoit à nos necessitez, avec telle abondance, que ce qu'elles avoient de douleur se change en plaisir. Philon contemple le monde rempli de beautez, sous l'éclatante voûte du ciel, comme un superbe Palais qui attend nôtre naissance, & ce qu'il enferme de nourritures prises de la terre & des eaux, comme un magnifique banquet, à diverses faces & nouveaux services pour la satisfaction de nos appetits. Mais il faut considerer que toutes ces choses sensibles sont les productions d'un premier être intellectuel qui les a mis en ordre avec des idées & des vestiges de raison, pour une creature raisonable qui en doit par consequent tirer des profits, plus pour l'esprit que pour le corps ; comme les caracteres d'or parfaitement bien formez d'un Livre, contente les yeux d'un ignorant, mais incomparablement plus la curiosité d'un sage qui conçoit le sens de cette précieuse écriture, qui s'instruit & perfectionne sa raison par l'éminence de la doctrine qu'il y trouve.

Le monde sensible est donc fait pour l'homme, principalement afin qu'il ne s'arrête pas à l'exterieur, qu'il ouvre ce Livre cacheté à toutes les creatures sensibles, entendu seulement de luy, pour en recevoir les instructions, & en prendre l'ordre de sa conduite, pour remarquer aussi en la nature les principes des sciences qui forment l'esprit & des arts qui soulagent nôtre vie. C'est l'ordre naturel, comme l'enseigne l'Apôtre, de monter par les creatures au createur, du sensible à l'intellectuel, d'aller au soleil par ses rayons, à la premiere cause par ses effets. Je forme quelque concert de l'éternité de Dieu, par les cieux, les elemens, les especes, toûjours les mêmes depuis leur creation ; de son immensité par les vastes étenduës des mers, des campagnes, de l'air que je me figure infinis au de là du plus haut des cieux ; des inépuisables effusions de sa bonté, par le cours perpetuel, des fleuves, des fontaines, des eaux qui viennent toutes de la mer, & s'y vont rendre aprés avoir arrousé la terre ; de son amour, par celuy qu'ont toutes les creatures pour leurs productions, jusqu'à s'exposer pour leur défense, comme le Verbe divin s'est fait homme, & par effet a donné sa vie pour nôtre rachat. On se serviroit utilement des choses sensibles d'en tirer ces instructions, qui rendent l'esprit tout plein de saintes pensées, & qui nous feroient agir comme si nous étions toûjours en la présence de Dieu dans une crainte filiale, & une confiance parfaite.

Quand je voy les nuits & les jours, les Hyvers & les Estez, les tourmentes & les calmes, les flux & les reflux de la mer, qui se suivent, qui se tiennent & qui se mêlent ; ces vicissitudes du monde sont cause que je ne m'étonne point de celles qui se rencontrent dans les affaires, dans les amitiez, dans les Cours ;

j'apprends à me tenir toûjours prêt à souffrir les caprices de la fortune, à recevoir ses faveurs avec crainte, ses menaces & ses coups avec esperance, au moins avec cette consolation, que dans une vie si courte, les disgraces ne peuvent être longues. Que si ces inconstances blessent mon ame amoureuse du repos & de la tranquillité, je ne mettrai point mes affections aux choses attachées à cette rouë, pour ne les point suivre, mon cœur & mon esprit iront chercher leur paix & leur solide satisfaction en Dieu qui est nôtre souverain bien. Quand je serois le dernier des hommes, sans pouvoir, sans autorité, ne me sera-t-il pas permis de me tenir fermé par ma pesanteur entre les vicissitudes du monde, comme la terre entre les cieux & les élemens, qui tournent au tour de son globe, sans l'émouvoir ; & comme un petit poisson est en assûrance dans le creux de son rocher, cependant que les mers agitées brisent les Baleines contre les écüils, ou les jettent demymortes sur le rivage. Il ne se présente point de changemens dans la nature ny dans la police, dont une bonne ame ne puisse tirer de grandes instructions, pour se resoudre à la sainteté, & à rechercher en Dieu le bien qu'elle ne trouve pas dans les creatures, c'est la principale cause pourquoy Dieu nous a mis au milieu du monde, comme dans un amphitheatre pour remarquer en repos tout ce qui s'y passe, & en faire nôtre profit spirituel.

Enfin si nous ne sommes pas seulement raisonnables, mais sensibles; si avec l'ame nous avons un corps, qui pour soulager ses necessitez a besoin des choses exterieures; s'il faut boire, manger, dormir, avoir des retraites & des vêtemens contre l'injure des saisons, des remedes dans les maladies, j'avouë que Dieu nous a donné les biens sensibles pour ce sujet, & que les arts ont en cela perfectionné la nature jusqu'à un point que sans former de nouveaux desirs, nous n'avons qu'à nous défendre de l'excés.

Les richesses sont veritablement le prix de toutes choses bonnes & mauvaises, neanmoins la joüissance nous en est permise comme de nos mouvemens sensitifs, selon les regles & les mediocritez de la vertu, comme s'en servirent autrefois les Patriarches, & comme une infinité de saintes personnes les dépensent aujourd'huy legitimement pour la subsistance de leurs familles & des pauvres; mais dire que Dieu nous donne ces biens pour les employer comme il nous plaira, pour l'entiere satisfaction de nos sens, dans toute l'étenduë des concupiscences & de l'opinion qui n'a point de bornes, c'est entrer dans le libertinage de Mahomet.

J'avouë que sa secte donne un sublime sentiment de Dieu; elle reconnoît ses perfections, l'adore avec de profonds respects, éloignez autant qu'il se peut de l'idolatrie, elle luy rend ses vœux publics en certains jours de la semaine, en certaines heures du jour annoncez par de hautes proclamations de voix humaines; Je dis cela afin que les Chrêtiens ne se laissent pas vaincre en ces saints devoirs, comme ils excellent en l'integrité de leur morale. Car ces peuples ennemis de Jesus-Christ, ayant rendu leurs hommages à Dieu, mettent leurs sens dans une pleine liberté pour la joüissance de tous leurs objets, même contre les ordres & les loix de la nature, les concupiscences de la chair les plus honteuses, plus que brutales en lascivetez, qui furent celebres en leur Prophete, & honorez en sa personne, comme des forces & des vertus éminentes qu'il tenoit du ciel, ainsi non seulement permises, mais persuadées par son exemple à ceux de sa secte. Ce leur est un acte de pieté de troubler le repos des peuples, d'usurper les biens & les Royaumes, mettre les personnes naturellement libres à la chaîne, les vendre, s'en servir comme des chevaux, quand il leur plaît verser le sang de ces innocens, les brûler à petit feu, leur ôter la vie par tous les supplices & toutes les morts que leur cruauté peut inventer. Aprés ces rages & ces fureurs, plus grandes que celles des Tygres contre l'homme, tous les Chapitres de leur Alcoran commencent par l'invocation de Dieu misericordieux, qu'ils offensent par une conduite directement opposée à l'attribut qu'ils luy donnent, & comme si cette grande misericorde accordoit une generale abolition, à ces horribles excez voluptueux & sanguinaires. L'Evangile de nôtre Seigneur Jesus-Christ, condamne cette apparence, mais en effet hypocrite & sacrilege devotion qui prétend d'honorer Dieu par des crimes, quand il dit que le ciel n'est pas ouvert pour ceux qui invoquent à haute voix le nom de Dieu, & qui luy disent Seigneur, Seigneur, mais qui accomplissent ces saintes volontez, qui font les œuvres de misericorde, même à l'endroit de leurs ennemis, qui se rendent les imitateurs de la bonté divine, dont le Soleil reçoit tous les jours le commandement de re-

Math. 7. 21.

pandre ses lumieres, & les nuées de verser les eaux sur les terres des méchans, comme des bons.

La Religion Chrêtienne est donc directement contraire à celle des Turcs qui adorent la misericorde de Dieu, sans la vouloir imiter, qui avoüent tenir de luy les biens sensibles, mais qui l'offensent par les mauvais & excessifs usages qu'ils en font, par le grand nombre de leurs femmes, par les pechez ordinaires & permis entre eux contre la nature, par leur abstinence, qui dure autant que le Soleil est sur l'horizon, comme s'ils vouloient être vûs par cét œil du monde en cét état, & sitôt qu'il est couché, comme si Dieu ne leur étoit plus present, ils passent toute la nuit en festins, se gorgent de viandes avec des plaisirs & des excez, dont le jeûne precedent leur a donné les aviditez. Nous recevons

vons les biens sensibles de la liberalité de Dieu, mais pour nous en servir ordinairement selon les regles & les mediocritez de la vertu, & quelquesfois pour nous en priver par penitence, nous confessant indignes de les recevoir aprés le peu de fidelitez que nous apportons à son service.

Le Verbe divin s'est fait homme, non pas pour revoquer, mais pour accomplir toutes les loix, particulierement celles de la nature, qu'il imprime dans les ames raisonnables, quand il les crée, & qu'il les verse dans le corps; or c'est une loy naturelle, commune à tous les êtres vegetans & sensitifs, d'user tellement des biens qui leurs sont propres, quand ils se trouvent dans leur abondance, de n'en prendre que ce qui satisfait la necessité. Les poissons de mer enfiltrent les eaux salées, & n'en reçoivent ny cette mauvaise qualité, ny la trop grande quantité, qui corromperoit & la douceur & la solidité de leurs chairs. Ainsi les plantes qui croissent au milieu des eaux, les arbres, les Saules, les Aulnes, les Peupliers qui en couvrent les rivages, quoique leurs racines soient plongées dans ce liquide élement, elles ferment leurs petites bouches, & ne les ouvrent que pour recevoir ce qu'il leur faut d'humeur pour nourrir leur tronc & leurs branches, d'une matiere terrestre. Les chevaux, les bœufs, les moutons, creveroient au milieu d'un bon pâturage, s'ils ne quittoient les herbes même qu'ils aiment le mieux, quand la repletion leur en ôte l'appetit. Ce sentiment leur est lors une espece de necessité qui les réduit à l'abstinance, où la raison doit porter les hommes, pour éviter des excez qui autrement ne pourroient être que nuisibles. Car la providence a fait toutes choses en nombre, poids & mesure, qui se trouvant alterées, ne demandent que d'être rétablies dans leurs legitimes proportions, de sorte que ce qui suffit les fortifie, le superflu les opprime & les fait malades. En effet nous voyons les Villageois nourris de viandes grossieres & communes dans un travail continuel, être sains, forts & robustes, ordinairement jusqu'à une longue vieillesse, qui ne paroît guere qu'en la posture courbée d'un corps encore tout prêt au travail. Mais dans les Villes, les Grands, les Riches, dés leur âge de consistance, où ils devroient avoir toutes leurs forces, se trouvent ordinairement noyez de catharres, gehennez de gouttes, de gravelles, de fluxions, de surdité, d'yeux malades, qui sont les fruits de leurs débauches passées, dans des nourritures trop abondantes & trop delicates. Souvent la paralysie, l'hydropisie les attachent au lit, si l'apoplexie ne les enleve du monde par des morts subites, pour leur en épargner la crainte & les pensées qu'ils ont toûjours banni de leur esprit. Comme ils ne sont pas resolus de s'amender, la condition leur semble meilleure, quoiqu'en effes desesperée; de perdre la vie, & de souffrir le jugement de Dieu par une surprise.

Si donc les plaisirs des sens sont de funestes dispositions aux foiblesses du temperament, aux langueurs des maladies, à des morts avancées, à des jugemens, à des condamnations épouvantables, Dieu ne nous donne pas ces commoditez temporelles pour de si mauvaises fins, & sa divine majesté qui veut nôtre conservation & nôtre salut, qui nous en rend les tuteurs, qui nous y donne tous les secours necessaires, quand une vive foy les luy demande, n'agréera jamais des plaisirs de peu de jours ou de peu d'années, qui seront infailliblement suivis d'un repentir éternel. Les Philosophes qui se sont conduits par la raison, n'ont jamais consideré les plaisirs du corps, ny les présens de la fortune, comme des biens qui dûssent rendre l'homme plus heureux. Epicure même qui mettoit le souverain bien en la volupté, parloit seulement de celle que goûte l'ame dans les pratiques de la vertu, de ce plaisir intellectuel, de cette plenitude, de cette satisfaction, de cette joye interieure, qui en est le fruit, la couronne, le dernier terme où s'arrêtent nos desirs. Tous ont méprisé les plaisirs, qui nous sont communs avec les brutes ; la plus grande part abandonnerent les richesses, les dignitez, la faveur des Princes, comme des empêchemens aux libertez de l'esprit, comme des negoces importuns qui partagent les attentions qu'ils doivent toutes entieres aux choses naturelles & divines.

Il n'est donc pas vray de dire qu'on ne se prive de commoditez temporelles & sensibles, que par impuissance ; changez cette proposition en son contraire, elle sera plus vraye ; qu'on ne se porte à l'excez des choses sensibles, que par une foiblesse d'esprit, par une bassesse de cœur, qui ne connoît pas l'excellence de sa nature, & qui se ravalle à la condition des bêtes, quand elle cherche les mêmes plaisirs, faute de se proposer une fin plus noble ; l'homme ne se portera jamais à l'exercice des vertus, que ses premiers pas ne quittent les choses sensibles, jusqu'à s'établir dans une mediocrité qui tienne ferme entre les extrêmitez, où les objets tirent l'inconstance de l'esprit, & où d'elle-même elle se laisse aisement aller. Si donc les vertus sont des habitudes librement acquises, & si toutes consistent à tenir les passions sujettes à la raison, la privation des plaisirs est volontaire, autrement ces conduites seroient sans recompense. Pour acquerir les sciences, ne faut-il pas se resoudre à la solitude, perdre la douceur de la conversation, & n'avoir ordinairement que celle des morts ? Pour avoir la faveur d'un Prince jusqu'à luy inspirer de bons sentimens qui reforment tout son Etat en sa personne, ne faut-il pas une extrême assiduité qui ne laisse aucune place à d'autres entretiens plus agreables, mais moins utiles ? Ne faut-il pas renoncer au jeu, à la chasse, aux Dames, aux voyages, & acheter si cherement le bien qu'on prétend. Quand l'honneur appelle un Gentil-homme aux occasions de la guerre, il quitte genereusement toutes les douceurs de sa famille, & s'expose aux coups de ses ennemis dans les tranchées, pour ne point manquer à tout ce qui est de son devoir.

Cette volontaire privation du plaisir des sens qu'on s'impose dans les rencontres pour des interêts humains, est la vie, la profession, l'exercice continuel d'un Religieux pour rendre ce témoignage public, cét hommage & cette gloire à la sainteté de Jesus-Christ; il se propose de l'imiter comme son modele, mais c'est toûjours avec tant de défaux, que le temps s'écoule trop vîte, & la vie se trouve trop courte, pour épurer ses sentimens, comme ceux des Anges, qui ne trouvent leurs plaisirs qu'en Dieu.

L'Eglise voit encore comme autrefois, de saintes personnes, qui sous la pourpre, l'or & la soye, portent la hayre, gardent l'abstinence dans les festins, les yeux clos aux beautez & aux spectacles dignes de leur admiration, & qui ajoûtent au merite de leurs austeritez, celuy d'une humilité qui les cache, & nous en dérobe l'estime par une innocente tromperie. Si donc l'homme n'étoit privé des choses sensibles, & du plaisir qu'elles ne donnent que par impuissance, il n'y auroit point de vertus, parce que toutes obligent les sens à perdre ce qu'ils trouveroient de plaisir dans l'excez ou dans le défaut ; il n'y auroit ny arts ny sciences, dont les commencemens sont investis de difficultez qu'il faut vaincre, d'amertumes qu'il faut avaler, pour en sentir aprés les douceurs, & en receuillir les fruits. On se resoud aux fatigues d'un chemin, pour arriver au lieu qu'on prétend ; on s'expose aux inconstances & aux orages de la mer, pour toucher le port qu'on se propose, & en rapporter ce qu'on s'y est promis de précieux. Les biens sensibles ne nous sont donc pas donnez pour en joüir, pour éviter les maladies, les incommoditez, les pertes du temps qu'il y faut mettre, les servitudes qu'ils demandent, les distractions d'esprit qu'ils apportent. On fuit les plaisirs pour acquerir les vertus, les arts, les sciences, l'honneur, & la gloire ; toutes les bonnes & saintes qualitez se perfectionnent d'autant plus qu'on s'écarte d'une vie lâche & delicieuse, & des necessitez qui demandent ces contraintes, & ces privations ; les sages s'en font des exercices volontaires, afin de fortifier le corps & l'esprit contre la pauvreté, si la mauvaise fortune y avoit réduit un riche ou un Prince.

DIXIE'ME OPINION.

Chacun sent ses incommoditez, & se croit tenu de les soulager, par ce qu'il peut de delicatesses.

L'Amour propre peut être mis en tête des passions, comme une cause universelle, comme une autorité dominante, qui les soûleve, qui les anime, qui les arme toutes pour ses fins, mais avec des succez directement opposez, selon la diverse disposition des personnes dont il prend l'empire. Ce qu'il prétend principalement, c'est de travailler pour sa conservation, neanmoins comme il est originaire d'une nature corrompuë, & qu'il s'employe pour des sujets perissables, ses efforts se trouvent contraires à ses desseins, car enfin il fait perir ce qu'il vouloit défendre & élever. Il engage un genereux dans l'extremité des perils, dont il luy promettoit des victoires & des triomphes, des qualitez qui devoient rendre sa famille plus illustre, des éloges dans l'histoire qui éternisent sa reputation, parmy ces pompes & ces grandeurs imaginaires ; ce pauvre abusé perit au premier combat d'un coup de mousquet, comme le moindre soldat.

Que si cét amour possede des ames lâches & timides, il les remplit de soins continuels, de remarques curieuses, au choix des nourritures, des logemens, dans les diverses saisons, des temps de garder la chambre, de prendre l'air, de se purger, les plus propres pour la conservation de la santé. Ces personnes cherchent attentivement la cause de toutes leurs indispositions, & quoiqu'elles ne soient qu'imaginaires, elles fondent dessus des maximes & des loix qui les gehennent, qui les incommodent, qui par effet leur causent de veritables maladies, par des remedes efficaces en bien ou en mal dessus le corps. S'ils n'y trouvent point de mauvaises qualitez qu'il faille purger, ils troublent les bonnes, alterent le temperament, & ressemblent aux troupes qu'on envoye dans une Province pour en repousser l'ennemy ; s'ils ne l'y rencontrent point, elles ne laissent pas de la fouler, & d'y faire beaucoup de dommage, quelque discipline qu'on y apporte. Une seignée faite à contre-temps, un remede mal composé, plus mal appliqué, aura de fâcheuses suites, qui menacent d'autres plus perilleuses, que la prudence s'efforce de prévenir, sur tout si le malade dit par crainte d'en avoir déja des ressentimens. Les préjugez qui vont à l'aveugle, dans l'incertain & dans le possible, ces remedes qui causent des maux, qu'il faut guerir par d'autres remedes, s'entretiennent par des circulations infinies, dont l'effet n'est que d'entretenir les corps dans la langueur, les esprits dans l'inquiétude, les familles dans l'incommodité & dans le deüil, les Medecins dans l'estime & dans les richesses. Le Proverbe dit que s'abandonner à leur regime, c'est se resoudre à une vie miserable, privée des plus innocens delices de la nature, de ses libertez, des emplois d'étude, de pieté, de charges, d'offices: car il n'y en a point du mal prétendu, de tête, de rate, de vertige, d'indigestion, ou autre fortement imaginé par la personne, & persuadé par le Medecin, qui ne serve d'excuse tres-legitime à la paresse.

Il n'est pas possible que la santé ne soit souvent interrompuë par quelques incommoditez, mais un bon courage les surmonte, & n'en fait aucune ny mise ny recepte. Un Capitaine monte à cheval un jour de combat, pour ne point perdre cette occasion d'honneur, quoique ses playes ne soient pas encore bien refermées, & qu'il ne soit pas hors de fiévre. Mais un lâche donne tout ce qu'il peut d'étenduë aux infirmitez qu'une fois il a ressenti, si elles ne le pressent, il se les figure, & en prend sujet de conclure à la retraite; si le mal n'est que par intervalle, il le dira continuel : Il oublie, dit saint Jean Chrysostome, ce qu'il luy accorde de relâche; de plusieurs accez interrompus, il

Divus Chryso. Homil. 55. in Math.

n'en fait qu'un feul, & s'eftime toûjours miferable, s'il n'eft continuellement heureux. Si vous faites comparaifon de ces deux vies fi contraires que l'amour propre infpire aux hommes, felon la diverfité de leur genie & de leur temperament, l'une qui fans s'épargner s'engage dans l'action & dans les perils, l'autre qui n'a pour deffein qu'à fe conferver, vous y trouverez des rapports femblables à ceux qui font entre le prodigue & l'avaricieux. Celuy-là peche veritablement par un excez ennemi de la vertu, mais moins criminel, parce qu'il reffemble plus à la liberalité ; s'il s'oublie luy-même, il aide les autres, & les revêt de ce dont il fe dépoüille, quoique ce foit par faillies, par des tranfports fans regle & fans jugement. Mais l'avare amaffe de forte des biens qu'il les refufe au commerce, aux autres & à luy-même, ingrat, inutil à tous, en ce que fans agir, il fe contente de ce que l'argent luy en donne la puiffance. C'eft l'image d'une perfonne qui n'a que ce feul deffein de fe conferver la vie, & au lieu de la paffer avec éclat & la politeffe, que prend le fer dans l'ufage, fe confume comme luy dans l'obfcurité par fa roüille.

Tout agit dans la nature, la police eft empêchée à fe défendre des fervices qu'on luy vient offrir, & le grand prix qu'on a mis aux Charges, n'eft pas capable de rebuter l'ambition qu'on a de s'y faire voir. Vous avez beau vous retirer de cette preffe, la lâcheté qui vous abbat au milieu de ce grand nombre d'hommes agiffans, vous y rend remarquable & ridicule, Tous arrêtent leurs yeux fur vous, & n'y voyans aucunes notables infirmitez, il les croyent plus imaginaires que veritables. Quittez ces langueurs : Sortez de cette honteuse lethargie : Ne soyez pas esclave de vôtre corps, jusqu'à le servir avec ces delicatesses & ces complaisances qui vous semblent des necessitez. Vous vous faites vous-même un reproche, que vous auriez peine de souffrir d'un autre, de regarder les moindres incommoditez, comme des monstres que vous avez à combattre, ainsi vous passerez pour incapable des emplois, où il faut du cœur & de la resolution. Tant d'observations, tant de remedes pour épargner vos forces & vôtre santé les ruinent ; un joug si pesant & si honteux enfin vous doit être insupportable ; nous sommes nez pour la diversité, soyez las de cette vie faineante, miserable, qu'une femme, quoique née pour la maison, avec beaucoup de foiblesse, ne pourroit souffrir. Depuis si long-temps vous avez vû par experience qu'une conduite si sujette, & qui cependant vous coûte si cher, puisque vous y donnez tout vôtre temps, toutes vos pensées, tous vos moyens, tous vos amis, ne fait qu'abbattre vos forces; faites resolution de les rétablir par une vie plus mâle & plus vigoureuse.

En cét état l'indifference d'un Philosophe même Chrêtien, n'est plus de saison, aimez quelque chose, c'est pour Dieu, si c'est pour remettre vôtre esprit dans une assiette plus ferme & plus genereuse à le servir; aimez les sciences, cultivez celle qui contentera plus vôtre curiosité. Prenez des emplois, où l'honneur ne vous permette pas de paroître avec moins d'adresse, moins de vigilance, moins de succez que vos semblables. On est en peine d'éteindre les flammes ambitieuses qui consumment la plus grande part des esprits, cependant il faut les r'allumer dans le vôtre, où les craintes & l'oisiveté les étouffent.

Mais pourquoy tant de changemens, tant de conseils, pour éviter une milice civile & chrêtienne qui ne peut être sans travail, sans fatigues & sans perils. Certes pour peu qu'on ait vû le monde, & ce qu'il y faut souffrir, dans les guerres, dans les galeres, sous les gesnes, sous la tyrannie du Turc, & ce que les Martyrs ont genereusement enduré durant la persecution de l'Idolatrie, on avoüera que l'homme ne connoît pas ce qu'il peut sans mourir, & que les plaintes ordinaires qui échappent de la bouche dans les disgraces sont injurieuses à la nature, qui nous a donné tant de forces, & à la providence, qui en ces rencontres ne manquent pas de nous présenter un puissant secours.

Aprés tout, si la solitude plaît si fort à vôtre pieté, qu'il vous soit tres-difficile de l'interrompre par des emplois contraires à vos inclinations, & dont vous n'avez pas pris les habitudes; entrez dans les sciences de l'Apôtre, qui faisoit gloire de ses infirmitez, & qui estimoit son esprit dautant plus fort, que son corps en étoit le plus travaillé ; il en faisoit un exercice de patience, il les recevoit de la main de Dieu, comme un remede de ses imperfections, dont il ne vouloit pas empêcher l'effet ; au lieu de les adoucir par les soins que les fideles vouloient prendre de sa personne, & par leurs bons traitemens, il en augmentoit la violence par de continuelles mortifications qui le disposoient au Martyre, & lui faisoient porter en son corps les caracteres sanglans de son maître crucifié. L'opinion n'est donc pas vraye en un Chrêtien qui se propose Jesus-Christ & son Apôtre pour exemple de sa conduite, de croire que s'il souffre des infirmitez, il est tenu de les soulager par tout ce qu'il peut de delicatesses, puisque cette maniere de vie détruit, au lieu d'établir les forces, qu'elle amolit les courages, qu'elle rend l'esprit esclave des sens, inutil à tous les emplois qui luy sont propre, même de science; & que cette opinion est contraire à la morale Chrêtienne, fondée sur l'austerité, sur la pauvreté & sur la croix du Sauveur

Onzie'me Opinion.

La felicité de la vie consiste à contenter ses inclinations.

LA terre n'a point tant de diversitez en ses plantes, en les fruits, en ses animaux, de tous les climats, qu'il s'en remarque aux inclinations des hommes, parce que nôtre nature étant une sphere superieure celle du vegetable & du sensitif, moins materielle, elle est aussi plus étenduë, & comprend en soy plus de differences : Et puis la vivacité de l'esprit humain, fait d'étranges impressions dans l'imaginative des femmes, qui passent d'une maniere inconcevable sur le fruit, jusqu'à en former le corps & le temperament, comme celuy des plantes & des bêtes. Avec l'âge l'esprit souvent s'évapore comme le

Mercure, il s'attache à tout ce qui luy paroît or, quand il a les apparances du bien dont il porte naturellement l'idée & le defir, mais qu'il quitte à la premiere pointe de douleur, comme d'un feu qui les preffe, ainfi paffe à d'autres objets avec des changemens, qui tenant de l'infini, ne peuvent être fpecifiez. Ces tranfports toûjours accompagnez de plaifir & de facilité pourroient être pris pour autant de diverfes inclinations, n'étoit qu'elles font trop changeantes & trop promptes, & feulement les effets de cette vûë generale que nous avons pour le bien. En ces rencontres l'efprit paffe & repaffe avec beaucoup de vîteffe fur fes objets, comme l'aiguille d'une bouffole fur les mêmes lignes, quand on la remuë devant qu'elle fe fixe droit à fon Nord, comme un chien couchant fur le pifte de fon gibier,

devant

devant qu'il s'arrête, qu'il le voye, qu'il le monstre de l'œil, du geste & du nez.

Cette maniere de vie où l'on se tient ferme, où l'on se repose, aprés quelques saillies, & quelques épreuves de l'inconstance, est proprement l'inclination que Gallien dit être causée par les qualitez du temperament, qui, à son dire, remplit le cerveau de ses vapeurs, dont se forment les images, les appetits, les recherches, les joüissances, & les coûtumes d'agir faciles & delicieuses, étant toutes conformes à la nature ; il détermine ce temperament par l'une des quatre humeurs de nôtre corps qui luy prédomine, à sçavoir, la melancholie, la bile, le flegme & le sang. La melancholie rend les personnes timides, solitaires, défiantes, desagreables ; La bile les fait promptes, hardies, temeraires,

Galen: lib. quod animi mores temper. corpor. sequn.

G

portez aux combats ; Le flegme les rend froides & lâches, comme l'eau, sans consistance, sans solidité, & qui prend son cours où elle trouve la pente pour aller à son repos : Le sang, qui est la nourriture commune de toutes les parties de nôtre corps, rend les personnes agreables à toutes les autres, propres à tous les emplois dont elles s'acquittent heureusement sans inquiétude, avec satisfaction, & tout ce qu'on peut esperer de bons succez.

Rusbroche lib. de vera contemplatione cap. 38. Un grand spirituel rapporte les complexions & les mœurs de l'homme aux sept Planetes, qui sont les sources des premieres qualitez, & selon les Docteurs de l'ancienne loy, les sept Anges, les sept Gouverneurs du monde, qui reçoivent de Dieu la commission d'y conserver toutes choses dans l'ordre que sa providence leur a donné ; il ne parle de leurs qualitez, qu'autant que leur connoiſſance ſert au diſcernement des eſprits en l'exercice de la vie ſpirituelle : Les enfans de Saturne ſont, dit-il, dans des craintes continuelles des jugemens de Dieu, de ne ſe pas acquiter des devoirs de leur état avec toutes les intégritez de cœur & de conduite, qu'ils réverent dans les Saints ; toute leur vie ſe paſſe dans ces eſpeces d'orages, ſans un jour de calme & de ſérenitez. Les enfans de Jupiter, ſont tranquilles, obligeans, agreables, cheris, recherchez de tous, ainſi faciles à donner leurs affections aux choſes du monde qui s'y viennent offrir. Les enfans de Mars, d'une complexion chaude & ſeiche, s'attachent comme le feu, à toutes les matieres qu'ils peuvent aborder pour les vaincre & les convertir en ſoy. Ils couvrent une secrete inhumanité, une superbe qui entreprend de grandes mortifications pour acquerir l'eſtime de la ſainteté, dont ils portent les apparances, ſans aucun zele interieur. Les enfans du Soleil pere des lumieres, ſont ſinceres, veritables, propres à la pratique des vertus, à ſoûtenir avec honneur les dignitez, à gaigner l'eſtime des Princes, à recevoir les graces & les faveurs particulieres de Dieu. Les enfans de Venus, ont la beauté du viſage, la tranquillité de l'eſprit; ils ſont affables, careſſans, & n'ont qu'à craindre que leur humeur trop facile ne les engage en des affections qui ne s'accordent pas toûjours avec la ſainteté. Ceux qui rapportent les qualitez des Planetes aux habitudes ordinaires du monde, diſent que Saturne porte les hommes à une avarice inſatiable qui ne donne rien, & veut tout ravir par usures, fraudes, & concussions; que si Mars est mal conditionné, il fait les sanguinaires, les assassins, qui perissent par une mort violente. Jupiter & le Soleil font les ambitieux, Venus les prodigues de leurs biens & de leurs vies, dans les sensualitez; Mercure mal posé, les fourbes, les larrons, les faussaires, les imposteurs, les artisans de libelles & de calomnies.

Si donc vous considérez les causes, soit élementaires ou celestes de nos temperamens & de nos inclinations, vous en trouverez bien plus de mauvaises que de bonnes, parce que les meilleures dégenerent ordinairement en des transports d'amour & d'ambition qui troublent, qui font perir les familles & les Etats; quand il n'y auroit qu'autant de mal que de bien, il faudroit que la moitié des hommes perit, s'ils suivoient leurs inclinations, comme une loy naturelle; de libres & d'innocens qu'ils sont, ils se réduiroient à la condition de plusieurs coupables, dont la moitié doit mourrir, & qui tirent au billet pour sçavoir si le sort leur conservera la vie. C'est le moindre des malheurs où s'exposent les personnes resoluës à suivre leurs inclinations. Il seroit plus grand & infaillible en celuy qui s'abandonneroit aux mauvaises, manifestement contraires à la vertu, à l'honneur, à la gloire, & contre lesquelles les loix sont armées, comme contre ces pernicieuses humeurs qui portent aux rapines, aux vols, aux faussetez, aux homicides, & qui après beaucoup de desordres, de traverses & de prisons, ont coûtume de finir par la potence ou l'échaffaut. Le monde n'est pas corrompu, de sorte qu'il ne conserve de l'estime pour la vertu, & que pour se justifier il ne témoigne une extrême horreur de ces grandes dissolutions, jusqu'à ce que la Justice les condamne à ce qu'ils meritent de peines. C'est l'interêt de l'Etat que le méchant incorrigible, soit banni de la societé des hommes, qu'il trouble par ses excez, qu'il corrompt par ses exemples. C'est le bien même du coupable, qu'il perde une vie, dont il ne se sert que pour tyranniser les autres, & pour accroître ses crimes : Certes il faut qu'un homme soit bien abandonné, pour trouver son contentement à suivre de mauvaises mœurs, qui le mettent dans le mépris & dans la haine des autres, dans une infamie publique, toûjours caché, comme les oiseaux de nuit, comme un voleur, toûjours en crainte de la Justice qui le poursuit pour le mener au gibet.

Supposé que les inclinations d'un temperament sanguin, de Jupiter, du Soleil, de Venus, soient propres à de genereux emplois, aimez, honorez de tous, il faut craindre que ceux qui s'y laissent emporter autant que l'amour propre & la flaterie le leur persuade, ne passent à des excez, dont les plus sains & les plus robustes n'ont pû se défendre. Un victorieux, un favori enyvré des caresses de son Prince, & des applaudissemens que luy donnent tous les ordres d'un Royaume, se persuade facilement que cette bonne fortune est un effet de ses merites incomparables, qu'il en a la source chez luy, ainsi qu'il peut tout esperer & tout entreprendre. S'il croit que la Cour n'ait pour luy que des sinceritez, sans envie, sans ambition, il se trompe, & entre toutes les belles protestations qui luy sont faites d'amitié, il peut perir comme un vaisseau qui donne toutes ses voiles à un vent trop fort & trop favorable. Cette humeur charmante dans les entretiens, ce cheri des Dames peut passer jusqu'à des excés qui les obligent de l'immoler à leur reputation, & de chastier au moins par une disgrace ce que leurs innocentes familiaritez luy auroient pû causer de temerité.

L'amour & l'ambition, dont le cœur humain porte naturellement les semences, sont des passions qui d'elles-mêmes y germent & y profitent, mais au double, jusqu'à remplir toute sa capacité quand elles s'accordent avec le temperament & l'influence des planetes qu'on estime bons; quand l'opinion, la flaterie, les compagnies, les conduites ordinaires de la vie les cultivent, & les font paſſer comme en nature; car les choſes ſemblables miſes enſemble ſe fortifient, & empirent ſi d'elles-mêmes elles ſont mauvaiſes, comme une complexion cacochine dans un air marécageux, une fiévre ardente dans les jours caniculaires, un bilieux qui n'a pour nourriture que des vins forts & des viandes chaudes.

L'inclination pour l'étude paroît entre les autres la plus innocente, parce qu'elle éclaire la raiſon, qu'elle meut la volonté, qu'elle perfectionne ces deux puiſſances intellectuelles où conſiſte la veritable felicité de cette vie, & la beatitude de l'autre, neanmoins les eſprits qui s'y donnent par excez, ſans divertiſſement, ſans converſation, manquent ordinairement de ſens commun, dans la conduite de leurs affaires & celles des autres, parce qu'ils n'ont que des théories generales qui ne s'accordent pas avec les pratiques fondées sur les circonstances particulieres des sujets, ils entrevoyent & ont trop peu de lumiere pour bien juger d'une piéce delicate ; ils reſſemblent aux eſtomacs foibles, qui prenant plus de nourriture qu'ils n'en peuvent digerer, demeurent incommodez, de ce dont les autres auroient augmenté leurs forces. Si les eſprits ont plus de ſubtilité, ils s'affinent tellement par une lecture continuelle, qu'enfin ils s'évaporent & dégenerent ſouvent en folie. Elle n'eſt lors que ridicule, mais elle devient criminelle & ſacrilege, quand elle entreprend de cenſurer les myſteres de la Religion, de reformer la providence divine dans les ordres qu'elle établit en la conduite de la nature & de la grace ; cependant tous ces vains efforts de l'esprit humain ne laffent & confondent que celuy même qui s'y égare, & n'empêche pas que les grandes veritez naturelles & divines, connuës depuis tant de siécles, ne meritent la veneration des plus sages & des plus saints. De là l'on peut voir que les personnes dont la naissance est dominée par le Mercure celeste, souffre souvent en l'esprit, ce que son metail cause dans les corps qui le mettent ordinairement en œuvre, des foiblesses, des tremblemens, des convulsions de nerfs & de cerveau : Ils ont coûtume de prendre l'un pour l'autre, la lecture pour la science & pour la sagesse, comme ce jeune homme Lucius, dont parle Lucien, qui voulant imiter une magicienne qu'il avoit veu, aprés quelques onctions s'envoler de nuit au sabbath, prit une boëte d'onguent pour un autre, & au

Lucian. dialog. Lucius.

lieu de se changer en oiseau, il fut étonné de se voir un asne.

Je laisse ces observations, dont je pourrois faire un juste volume, pour conclure que le temperament n'est qu'une matiere indifferente aux vices, aux vertus, selon l'usage qu'elles en veulent faire ; il porte avec soy des qualitez sensibles qui peuvent mouvoir les humeurs & la phantaisie, mais qui ne sont pas les regles de nôtre conduite, car elle doit être prise de la raison qui est en nous une loy divine, l'art de la vie, une copie de la premiere verité qui se perfectionne par l'étude, par le conseil, par l'experience. Ainsi c'est le poids qui donne le mouvement à une horloge, mais il ne seroit pas juste jusqu'à marquer les quinze minutes par heures, les soixante châque jour que fait le Soleil emporté du premier mobile, si la main de l'ouvrier n'arrêtoit ce mouvement de luy-même précipité, & ne luy marquoit les pauses que les dents bien proportionnées des rouës l'obligent de faire.

Cette raison naturelle bien instruite, parfaitement épurée par les Commandemens de Dieu & de l'Eglise, ne ruine & n'interdit pas les effets du temperament, mais elle nous montre le moyen d'en tirer de grands profits, en ce qui regarde le corps, l'esprit, & nôtre salut. Vous croyez-vous né pour le gouvernement, sentez-vous en vôtre esprit assez de force pour en porter les fatigues, & vaincre les occasions qui pourroient tenter vôtre intégrité ; vous y pourrez faire une infinité de biens, si l'ambition de monter toûjours plus haut, ne détourne vos pensées de vôtre devoir present, pour les donner toutes à l'avenir. Ne donnez pas une facile créance aux impetuositez de la nature, aux suffrages de la flaterie, de l'opinion, ny des voix qui vous parroissent publiques, soyez le censeur de vôtre conduite, comme vous le seriez de celle d'un tiers. Si vous avez des agréemens & une beauté dont vous voyez les recherches passionnées, considerez que c'est un effet de vôtre bon temperament, mais qui n'est pas toûjours favorable à la vertu, puis que la sainteté le tient ordinairement sous le voile. Vous êtes aimée, mais comme la perdrix l'est du Chasseur qui veut en contenter son appetit; ce pauvre oiseau le connoît, & se sauve autant qu'il peut de cette poursuite; que n'avez-vous les mêmes vûës & les mêmes sentimens, de ne rien souffrir qui soit contraire à vôtre devoir, à vôtre honneur, & peut-être à vôtre vie. Enfin, si vous avez de l'inclination pour la science, qu'elle ressemble à celle qu'a l'œil pour la lumiere, il la reçoit avec plaisir quand elle luy est temperée, mais il s'éblouït & s'aveugle, s'il pense la soûtenir telle qu'elle est dans le globe du Soleil. L'Apôtre nous avertit d'être sobrement sage, car l'excés de la connoissance, comme du vin cause une yvresse qui noye la raison. Il ne faut donc pas mettre les felicitez de la vie à suivre ses inclinations, puisque si d'elles-mêmes elles sont mauvaises, elles deviennent pires par les habitudes qu'on en prend, si elles sont bonnes, l'amour propre, la vanité, les compagnies, les opinions du monde les portent à des excez vicieux.

DOUZIE'ME OPINION.

Sauver ses interêts, c'est une necessité qui n'a point de loy.

Durant les inondations d'une mer qui se répand sur l'un de ses bords, pour reprendre autant d'espace que les bancs de sable luy en ont fait perdre sur le rivage opposé, & qui menace tout le plat pays, les peuples gagnent la montagne, comme un asile que la providence leur montre pour se sauver de ce grand peril. La loy est, dit saint Augustin, l'ennemi juré de nos concupiscences, elle fait état d'en éteindre toutes les flammes, elle ravage, elle couvre tout ce qui s'oppose à ses ordres par un déluge universel, sans voir audessus de soy rien qui s'en exempte, que la seule necessité ; c'est aussi le lieu de re-

Divus August. sermone 1. de verbis Domini.

fuge où tous les hommes se rendent pour éviter les rigueurs universelles de la loy, & pour justifier leur conduite qu'on accuse de contravention, ils disent y avoir été contraints par une necessité à qui nos desirs & nos libertez sont obligez de se rendre. Mais comme l'Arche de Noë ne reçût pas tous les hommes ny tous les animaux qui peuploient le monde, pour les sauver du déluge ; comme l'immunité des asiles ne s'accorde pas indifferemment à tous ceux qui s'y présentent, parce que sous prétexte de proteger l'innocence, ils desarmeroient la justice, & autoriseroient les crimes en les rendant impunis ; ainsi si toutes les necessitez que les hommes alleguent pour excuse de leurs desordres, étoient reçûës comme vrayes, les exceptions ne seroient pas moindres que la loy, qui par ce

Lib. 1. & 2. ff. de leg.

Cap. inter alia de immun. Eccles. Boer decis. 109. 110.

moyen feroit inutile, faute de sujets qu'elle peut commander, contraindre & punir. Ce feroit toûjours la necessité qui obligeroit les voleurs à prendre le bien d'autruy ; les fauffaires, à contrefaire les écritures & les fceaux ; les enfans à ne pas rendre à leurs pere & mere, ce qu'ils leurs doivent de respect & d'obeïssance ; les peuples à se revolter contre leur Prince ; les Princes à tenir leurs peuples réduits au dernier point de la misere ; l'amour, l'envie, l'avarice, la vangeance, les violences, les affaffinats, auroient des motifs que la passion confideroit comme des necessitez inévitables, & qui ne laiffoient que cét unique moyen pour fauver l'honneur ou la vie. Il est donc tres-important d'éclaircir ce grand sujet qui répand un épais nuage sur beaucoup de consciences, qui justifie tous les crimes,

& leur donne une generale abolition. Si c'est une necessité de sauver ses interêts, & que la passion les porte à des extrêmitez sans bornes & sans mesure, on se dispensera de pratiquer les vertus; parce que la mediocrité qu'elles prescrivent, est onereuse à nos interêts, par les peines qu'il y faut prendre, par les avantages que souvent il y faut quitter, & par les frais qu'il y faut faire, comme à pratiquer les œuvres de misericorde.

Divus Augusi. lib. 5. de civitat. cap. 10.
La veritable necessité consiste, dit saint Augustin, en des occasions qui ne dépendent nullement de nôtre puissance, de nôtre choix, ny de nôtre liberté, mais qui ont leur effet inévitable, quelque resistance qu'on y apporte, comme est la mort,

Lib. 9. §. Sed licet. ff. Quod met. ca.
quand il plaît à Dieu nous tirer du monde, ainsi des autres effets, de la force que nous appellons majeure, des peuples, des Prin-

ces, des ennemis, dont personne n'est garend. Le ciel qui nous mesure le temps, les saisons, les âges, a son mouvement regulier qui jamais n'avance ny ne recule pour tous les interêts humains. Il ne va pas plus vîte pour la croissance d'un Prince, dont les vœux publics & les affaires demandent la majorité, comme il ne s'arrête point pour perpetuer une vie qui seroit la felicité d'un peuple ; un Roy n'a ses forces du corps & de l'esprit qu'en un certain temps propre à l'homme, comme la fleur a le sien pour sortir de son bouton, l'oiseau de son nid, le ver à soye de sa coque. Helas! que nos opinions sont ridicules à celuy qui considere la vanité de leur éclat, & que pour cela la nature ne change rien de ses ordres. Ce sont là des pures & absoluës necessitez, les autres à qui l'on donne le même nom, ne font que conditionnées en ce qu'elles nous laiffent le choix entre deux maux de prendre le moindre, comme dans une tempête pour éviter le naufrage, j'aime mieux perdre les biens que la vie, & jetter en mer des balots, quoique de grand prix, pour ne point perir avec eux. Il eft certain que toutes les loix obligent un homme à fe conferver la vie & ne l'a pas perdre, parce qu'il n'en eft pas le maître, mais le dépofitaire & le tuteur, fous ce titre il la défend comme appartenante à Dieu, à l'Etat, & à fa famille. Un homme fond fur moy l'épée ou le piftolet à la main pour me tuer, je fuis plus obligé de fauver ma vie que la fienne, ainfi je puis arrêter fon coup en le prévenant, s'il ne me refte que ce feul moyen pour ma défenfe.

La faim eft une neceffité prefsanté & l'estomach qu'elle afflige, est un creancier impitoyable qui veut être payé content, sans respit, sans distinction du prophane ou du sacré ; en ce rencontre David mangea les pains de proposition, permis seulement aux Prêtres. Hors le siége de Samarie & de Jerusalem en beaucoup d'autres les meres dénaturées ont mangé leurs propres enfans, les hommes, leurs ennemis & leurs compagnons. Le Danemarc fût tellement pressé de la faim dans une mauvaise année, où les moissons perirent, que les familles n'y pouvant toutes subsister, tirerent au sort, qui en laissa peu pour le pays, les autres sortirent & composerent une grosse armée, qu'on appella des Lombards, à qui la necessité donna l'adresse, le courage & les progrez qu'on peut apprendre de l'Histoire. De cét acci-

Crant. Dania lib. 2. cap. 20.

168 LES FAUSSES OPINIONS
dent les grands Capitaines se font fait un art d'obliger les soldats à bien combattre par le peril autrement inévitable de la mort. Annibal étant dans le cœur de l'Italie, fît cette harangue à ses troupes : Compagnons, « vos courages vous ont engagé « au milieu de nos ennemis, nous « en sommes investis de tous côtez, il ne faut plus penser à la « retraite, elle ne nous est plus « possible ; vaincre cette nation « vous est depuis long-temps une « coûtume, aujourd'huy ce vous « est une necessité ; il vaut mieux « perir en combattant avec honneur, que dans une lâche & « honteuse fuite. Les Suisses ayant à combattre les Romains qui s'étoient rendus maîtres de la France, brûlerent leurs Villes & leurs villages pour s'ôter toute autre esperance que celle qu'ils avoient de la victoire, par la necessité du combat. Plusieurs grands

César de bello Gallico.

grands Capitaines ont fait le même, ruiné les ponts, & tout ce qui favorisoit la retraitte des soldats. Guillaume le Conquerant en l'attaque de l'Angleterre, mit le feu aux vaisseaux qui l'y avoient porté, parce qu'il faisoit état de s'y établir victorieux ; Charles Martel fît fermer les portes de Tours quand il défit cette innombrable multitude de Sarrasins.

Digest. Sapient. suppl. tom. 2. titul. minoritas medii, defectus mediorum bonus.

Duplex l'an 726.

J'ay fait autrefois un petit Livre de la necessité, sur une prompte demande qui m'en fut faite dans un entretien ; mais j'en pourrois faire à cette heure un juste volume, si j'entreprenois de déduire tout ce qui se présente à moy de remarquable sur ce grand sujet. Il me suffit de conclure icy pour ce qui est des choses civiles, que les loix sont fort indulgentes dans les rencontres, où une force majeure ne laisse pas à la volon-

Digest. tom. 1. & 3. tit. contrariis volunt. necessitas.

té, tout ce qu'elle demande, & tout ce que la nature luy donne de libertez. En ce cas elle accorde des dispenses, des rétablissemens, des graces, des immunitez singulieres, d'où l'on ne doit pas tirer de consequence pour d'autres sujets. Je viens au particulier de l'opinion qui prétend que les necessitez naturelles, civiles, ou de bien-sceance, qui blessent notablement nos interêts, nous excusent d'obeïr aux loix humaines ou divines. Je tiens au contraire que si tous les Sages de l'Antiquité ont crû qu'on ne pouvoit donner assez de loüange, de couronnes & de gloire, à ceux qui engageoient leurs biens & leurs vies pour la défense de leur Republique, que l'obligation est incomparablement plus grande & le merite plus relevé d'immoler genereusement ses interêts & sa personne pour ce qui regarde le

Lib. 9. §. Sed licet ff. Quod met. can. l. 2. ff. Ne quid in loco public. lib. 28. ff. de jud. l. 123. ff. de reg. jur.

culte & l'honneur de Dieu, par une exacte déference à ses loix & à ses volontez, comme firent les Martyrs quand ils soûtinrent les veritez de la foy Chrêtienne au prix de leurs biens & de leurs vies. C'est nôtre interest d'acquerir des couronnes immortelles par des peines de peu de temps; de verser un sang qui éteint les flammes que nos crimes meriteroient, & qui par l'édification que l'on donne opere le salut des autres, d'où il nous revient un accroissement de merites.

Tertullian. in scorpia- co.

L'Eglise n'a pas laissé d'être indulgente envers ceux qui n'avoient pas ce courage, & qui par une naturelle apprehension de la mort, se cachoient dans les solitudes, qui rachetoient leur vie par la perte de leurs biens, & mesme qui étant tirez dans ses festins, faits en l'honneur des faux Dieux, y paroissoient en habit de deüil, les larmes aux yeux, le visage plombé de tristesse, pour montrer ce qu'ils y souffroient de contrainte, le Concile les absout après trois ans de penitence. Neanmoins saint Cyprien ne croit pas que les menaces d'un tyran, & la crainte qu'on en conçoit, soit une excuse valable de renoncer à la foy. Car c'est, dit-il, une lâcheté de quitter les armes devant le combat, & de fuir sans le soûtenir, quoy que la foiblesse soit pardonnable quand la nature s'abbat & defaut sous la violence des supplices. Ce sont là des necessitez qui peuvent forcer les resolutions d'un particulier : Quelquefois la police de l'Eglise & de l'Etat se voyant réduite à changer ses loix, au moins à leur permettre de se reposer, & comme dormir jusques à des temps & en des sujets plus favorables où elles reprennent toute leur vigueur.

Concil. Antyran ca. 4. an. 314.

D. Cyprian. lib. de Lapsis.

V. de Digesti sap. differentia veritatis legum opportuna mutatio.

Mais saint Chrysostome remarque, que l'homme ne souffre jamais de necessitez qui l'obligent à faire le mal ; Car Dieu, dit-il, qui est une essentielle sainteté, eternellement loüé des Anges sous ce titre, comme le plus éminent de ses attributs, nous a fait à son image pour être Saints comme luy ; sa main en a gravé les idées & les sentimens dans nos ames ; tous les jours ses graces les y renouvellent par des mouvemens sacrez, par les exemples de Jesus-Christ, qui nous en enseigne les pratiques, conformes à nôtre nature ; Il n'a donc pas chargé nôtre vie d'une necessité comme d'une chaîne, qui ne nous laisse pas libres à faire le bien qu'il nous commande. La concupiscence de la chair a dequoy se satisfaire dans le mariage, sans troubler la paix des familles par des adulteres, & par les transports illegitimes de l'a-

D. Chrysostom. hom. 2. in epist. ad Ephes.

mour. Dans les extrêmes necessitez de la faim, comme est celle qu'on souffre souvent dans les sieges & sur la mer, on trouve moyen de la soulager sans crime. Car la même loy civile qui a fait la distinction du domaine, rend en cette occasion tous les biens communs dans les villes pressées de famine. On contraint les riches d'ouvrir leurs greniers, & de débiter leurs grains au peuple à juste prix. Enfin dans ces necessitez publiques les loix gardent le silence, & ce qui d'ailleurs seroit défendu, se trouve permis.

L. 2. §. cum eod. ff. ad l. Rhod.

Cujac. observat. lib. 25. c. 9.

Que si la Providence divine permet que vous tombiez dans la pauvreté, vous êtes dans un état où Jesus-Christ a voulu passer toute sa vie. Il le conseille à ses Apôtres comme très-parfait. Il est encore aujourd'huy professé de ceux qui aspirent à l'imitation de sa vie. Faites-vous une vertu de cette neceſſité ; elle ôte à vôtre nature, peut-être trop ambitieuſe & trop libertine, les moyens de ſe perdre dans l'abondance ; elle deſarme vos paſſions, elle vous rend humble, déferant à tous ; parce qu'ils ont moyen de vous ſoulager. Elle vous oblige de vivre en paix, ſans animoſitez, ſans querelles, qu'il ne vous ſeroit pas poſſible de pourſuivre ny de ſoûtenir. La pauvreté donc, ſi favorable aux vertus, & qui eſt la mere des induſtries, vous doit donner l'adreſſe & la reſolution de ſoûtenir vôtre vie par vôtre travail, non pas en volant & raviſſant le bien d'autruy. Car l'injuſtice ne ſeroit-elle pas extrême dans le monde, ſi le pareſſeux & le plus fort arrachoit le pain des mains de ceux qui l'ont gagné par leur travail, & ſi la violence regnoit entre les hommes comme entre les beſtes ? Au reſte quand l'exercice d'un métier ne fourniroit pas tout ce qu'une pauvre famille demanderoit de subsistance, la charité n'est pas morte entre les Chrêtiens, les pauvres honteux y sont soulagez avec soin, ses hôpitaux sont ouverts dans une extrême necessité, & on ne void point dans les villes qu'aucunes personnes innocentes y meurent de faim; mais on y void beaucoup de faineans & de voleurs, qui meurent à la potence.

La corruption de nôtre siecle a mis les affaires à ce point, qu'aujourd'huy l'on ne considere pas seulement les perils de perdre les biens, l'honneur, les amis, la protection d'un Grand, comme un interest qui passe pour une pressante necessité; mais cet interest est une idole qu'on adore, sans considerer si elle est grande ou petite. Il ne faut qu'un grain pour faire pencher la balance. Il suffit de mettre un homme dans l'interest, pour peu qu'il y soit, c'est la meilleure des raisons pour obtenir ce que l'on desire, ce que l'on demande d'un Avocat, d'un Rapporteur, d'un Capitaine, d'un Prieur. Cette seule idée fait qu'il entre dans la cause comme partie, qu'il la fait sienne, qu'il luy donne le poids, les couleurs, toutes les apparences de justice & d'équité dont l'amour propre luy fournit les inventions. L'interest est donc le premier mobile de tout le commerce du monde? il est le tyran qui captive nostre funeste liberté, qui nous meine, qui nous tire, & qui nous arrête comme les bêtes que nous tenons à l'attache? Nous ne sommes plus libres, tels que Dieu nous avoit créez ; les lumieres de la raison ne servent plus au choix de nôtre conduite, les plus justes & les plus saintes loix sont inutiles à l'égard de ceux qui prennent les moindres considerations pour de notables interests, & qui tiennent cet interest pour une necessité qui ne souffre point de loy.

Icy je supplie les hommes de faire une serieuse reflexion sur eux-mêmes, s'ils se confessent pecheurs & criminels devant Dieu, indignes de ses misericordes, quel interest doivent-ils avoir plus considerable, que d'obtenir l'abolition de leurs pechez, d'être rappellez de leur exil, de rentrer en grace dans les droits, dans les tranquillitez que la pieté donne à l'ame dés cette vie, & dans les esperances de l'autre ? Or c'est de ces interests veritables & importans, que Dieu nous fait une necessité. Si vous voulez joüir de la veritable vie, dit-il, gardez les Commandemens ; donnez l'aumône pour obtenir la remission de vos offenses ; Aimez, craignez Dieu, soyez soûmis à ses saintes volontez ; Ayez une parfaite charité, c'est l'unique necessaire, tous les succés vous seront heureux, les traverses de la vie se convertiront en biens & en merites, qui vous seront des couronnes. Si ces maux se peuvent vaincre, on les peut souffrir ; s'ils sont extrêmes, ils finissent bien-tôt avec la vie, & la terminent en ce que l'éternité luy reserve de recompenses, où nos interests & tous nos desirs auront un parfait accomplissement.

D. Aug. de Diversis serm. 35. cap. 4.

TREIZIE'ME OPINION.

L'honneur est preferable aux biens, & à la vie.

LA societé civile est un bien pour l'homme, mais mêlé, comme tous les autres, de mal, de servitudes, de dangers, autant que ces mers ou les tempêtes, les bonaces, les rencontres de rochers sont si frequentes, que la navigation y est toûjours perilleuse. Il y faut vivre parmi les méchans, dont le nombre est beaucoup plus grand que des bons. Il faut s'assujettir aux coûtumes favorables, aux sens & aux passions, que la vertu fait état de vaincre; tous les jours il faut entrer en combat, ou souffrir des violences, & n'y avoir qu'une paix interrompuë par de continuelles allarmes. Voilà quelque chose, en peu de paroles, de ce qu'il y faut souffrir. Quant au bien qu'on reçoit, il consiste premierement en une satisfaction naturelle que ressentent toutes les bêtes de compagnie, d'être parmi leurs semblables, & puis d'avoir toutes les commoditez de la vie par le commerce, par le travail & l'industrie de tous les métiers, d'y voir l'innocence & la foiblesse sous la protection de la Justice; mais principalement d'y voir la probité dans une estime si generale, que tous se déclarent pour son parti; tous affectent la qualité d'homme de bien, & s'ils ne l'ont pas en effet, ils en portent les apparences.

L'honneur qui se rend à la vertu passe d'une bouche en l'autre, jusques à ce que de plusieurs il s'en forme une voix publique, une renommée celebre, qui par des accroissemens insensibles établit de sorte la reputation d'une personne, la rend si ferme & solide qu'elle est à l'épreuve de l'envie, que qui la pense offenser se blesse, & reçoit par reflexion les coups qu'il luy porte. Cet homme de bien, confus entre ces favorables acclamations qu'il croit ne pas meriter, s'en reconnoît redevable à Dieu, & s'anime tous les jours à des pratiques plus saintes & plus dangereuses, pour répondre plus dignement à l'estime que le monde en a conceu; Par ce moyen il s'éprouve, il se perfectionne; dans les differentes rencontres sa vertu jette de nouveaux éclats, comme le diamant qu'on remuë, & fait qu'on le considere pour remplir les plus belles Charges de l'Eglise & de l'Etat. Il ne faut pas s'étonner si cet honneur est preferable aux biens, puis qu'il en est la trespure & tres-veritable source; car si les Charges se donnent au merite, celuy qui est d'un esprit plus éclairé, d'une prudence plus experimentée, d'une vertu plus solide, plus éloignée du propre interest, y a plus de droit, & sera sans doute élevé aux plus éminentes par le suffrage de toutes les personnes bien intentionnées pour le bien public. Il ne se passera même rien dans le plus bas étage du gouvernement & de la police, à qui ses conseils ne donnent autant d'autorité que les choses inferieures reçoivent des forces, des mêmes lumieres dont le soleil éclaire les astres.

Cét honneur, qui par un empire volontaire d'amour & de respect prescrit des loix aux puissances, & qui devient l'arbitre des fortunes, n'est donc pas seulement preferable aux biens, mais à la vie, aussi les personnes qu'il éleve font état de se consacrer au bien public; de tous ses momens, en faire des semences de vertu, de celebres actions que l'histoire donne pour idée & pour exemple à toute la posterité. J'aime mieux mourir, dit l'Apôtre, *1. Cor. 9. 15.* que de laisser perdre la gloire & l'honneur que Dieu donne au Ministere de l'Evangile, où il luy a pleu m'appeller: Il ajouste: Si je le prêche ce m'est une espece de necessité. Car il y avoit consacré sa vie avec le même courage qu'eurent les Martyrs de signer les veritez de la Foy avec leur sang, & en mourant pour cet illustre sujet, causer le salut d'une infinité d'ames qui doivent peupler l'Eglise jusques à la fin du monde. Les Saints conservent leur reputation, dit le Patriarche de Venise, parce qu'elle sert à répandre la gloire de Jesus-Christ autant qu'un air serein libre de nuages à faire paroître le soleil dans tout l'éclat de ses lumieres. Ils sçavent qu'ils ne sont pas nais pour un siecle, mais pour l'eternité ; non pas pour un climat & pour un Royaume, mais pour l'étenduë de tout le monde, qui est le domaine de Dieu. Le Prophete nous le décrit vêtu de lumieres, & les Saints souhaitent que le Sacerdoce soit dans des integritez

Laurent. Justinian. lib. de Instit. Prælat. cap. 12. & 13.

éclatantes aux yeux de tous, afin qu'ils en reçoivent les inſtructions, qu'ils imitent & qu'ils honorent en luy le principe de la ſainteté.

Cet honneur eſt vray qui éclate de la vertu, ſans qu'elle le demande, ſans qu'elle l'exige, & qui luy eſt rendu par des perſonnes d'honneur, d'une integrité jointe à la puiſſance, ſi libre en ſes jugemens, qu'elle peut ſans crainte & ſans flaterie reprendre tout ce qui ne s'accorde pas à la raiſon. Le baume eſt plus exquis qui par une ſurabondance d'humeur coule de ſon arbre, & ſe filtre à travers de l'écorce ſans qu'elle ſoit inciſée : & ſans doute les merites répandent une odeur incomparablement plus ſuave, & ſont une medecine univerſelle qui appaiſe avec délices tous les honnêtes deſirs de la nature, quand on les remarque n'être que les émanations d'une bonne ame, ennemie du faste, zelée pour l'honneur de Dieu & le bien public. Les honneurs & les recompenses que dés icy-bas l'on défere à la vertu, devroient suffire pour y animer tous les bons courages, puis qu'avec les biens de l'esprit, les lumieres, les tranquillitez de l'ame, l'honneur, la reputation, les moyens d'aider le salut des autres, elle nous met dans un état tel que le souhaiteroient les Anges, s'ils avoient à vivre comme nous en ce monde. Mais les vices tout au contraire attachent sur le front des hommes des marques si honteuses, de foiblesse, de servitude, d'une brutalité qui n'aime que les choses sensibles & perissables, que c'est une merveille comment ils ne se tiennent point cachez, comme les oiseaux de nuit pour ne point paroître avec ces reproches dans les compagnies.

Il y a, disent les Jurisconsul-tes, des infamies déterminées par la loy, contre les perfides, les faux témoins, les voleurs, les artisans de fraude & de mauvaise foy, qui peuvent être remis dans l'integrité de leur reputation par le benefice du Prince. Mais il y a d'autres infamies qu'ils nomment de fait, comme celle d'une vie licentieuse, d'une prostitution de cœur, au jeu, au vin, aux femmes, aux querelles, à la médisance, à tous les excés contagieux dont les mauvaises opinions que l'on a conceuës, ne pourroient être qu'à peine effacées par les anciennes rigueurs de la penitence publique; On présume que le repentir de quelques jours, ne déracine pas les mauvaises habitudes de plusieurs années, on croit plûtôt à son jugement qu'à ses yeux, & l'on craint plus une malice adroitement déguisée, que si l'effron-

L. 1. ff. de his qui notant infamia.

terie la faisoit paroître avec tout ce qu'elle a de mauvais desseins. Depuis que le public a conceu cette mauvaise estime de quelqu'un, qu'il est sujet aux desordres que nous venons de representer; depuis qu'une voix publique l'a noté de cette infamie, on ne donne plus de créance à ses paroles, on ne prend plus ses avis, on se défend de son amitié par des rebuts & des mauvais offices desobligeans, pour n'être point estimé luy être semblable. Toutes ses conduites sont suspectes, c'est un lépreux, un pestiferé dont les approches donnent toûjours de la crainte, son infamie est pire que celle de la loy, parce qu'elle est gravée dans les cœurs d'un peuple où la puissance du Prince ne la sçauroit effacer. Les voix de plusieurs qui ont ou entendu ou veu les effets d'un mauvais courage, s'assemblent pour faire une clameur contre luy, comme contre un loup poussé hors de son bois, où il se tenoit en embuscade attendant sa proye.

Il est difficile de concevoir comment un homme, à qui le vice n'a pas entierement osté l'usage de la raison, & qui se conserve encore un desir d'honneur, s'expose par ses desordres à cette publique infamie & perd volontairement tous les avantages que la bonne renommée donne à la vertu. Pour moy je pense que cét égarement d'esprit vient de ce que le monde est aujourd'huy malade d'équivoques, de paroles & d'effets, & que comme la flaterie fait passer les vices pour des vertus, qu'ainsi les passions donnent le nom d'honneur à des emportemens lâches ou furieux, qui au sentiment des sages doivent estre notez d'une publique infamie; ils imitent en cela les Astrologues, quand pour couvrir les ardeurs

& malignes influences de l'œil du Taureau, du cœur du Scorpion, de l'Arcturus, de l'Hidre, & d'autres semblables constellations, ils les qualifient Etoiles royalles. Rendre de l'honneur, offrir de l'encens aux dissolutions qui ont fait les dieux du paganisme, n'est-ce pas élever encore dans les cœurs les idoles & les demons que Jesus-Christ a chassé des Temples, & tomber dans les maledictions que le Prophete fulmine contre ceux qui mettent le mal pour le bien, & qui causent le même desordre dans les mœurs qui seroit au Monde, si la Terre tenoit la place du Ciel?

Il y a peu d'années que la noblesse de France mettoit le point d'honneur à vuider tous leurs differens, d'une parolle ambiguë, d'un soûris, d'un tour de visage, d'un regard moins obligeant & d'une phantaisie, par un duel; de sorte que les courageux negligoient les importantes occasions de la guerre comme trop incertaines & trop éloignées, pour se signaler promptement, Helas! souvent pour perir sur l'heure par un combat singulier! Nostre invincible Monarque Loüis Quatorziéme a guery la France de ce flux de sang, qu'il a diverty sur les ennemis de son Etat, & de l'Eglise, quand les Princes & les Gentils-Hommes n'ont plus eu moyen de paroistre genereux que par des victoires qui eussent merité des couronnes, & des triomphes dans l'ancienne Rome. N'estoit-ce pas une injustice notable de mettre le glaive en la main d'un furieux? de permettre à des personnes irritées de se faire droit à elles-mêmes, dans la chaleur de leur passion, de s'égorger miserablement, d'éteindre l'éclat avec le support des plus illustres Maisons, pour des offenses imaginaires qui ne meritoient pas une froideur; qu'en apparence le plus foible, blessé deja par la perte de ses biens & de son honneur, donne à son ennemi ce qu'il demande, l'occasion de trouver ses seuretez luy ôtant la vie, & de justifier ses premieres violences, par cette derniere? Nous connoissons des peuples qui mettent le point d'honneur à boire plus de vin, jusqu'à perdre le jugement, à decouvrir les secrets, à s'abandonner aux desordres de leurs mauvaises inclinations, enfin à n'estre plus hommes, à tomber comme demi mort à la mercy des femmes & des valets; s'ils ne crevent & ne meurent subitement entre leurs mains. Les femmes qui entre les Gnostiques estoient les plus belles & les plus abandonnées, s'estimoient entre les autres comme des vaisseaux d'élection, parce qu'elles attiroient plus d'hommes à contenter la nature

S. Epiphan. ad Heres. heres. 26. §. 17.

ture en ce qu'elle defire le plus. Rhodope cette maîtreſſe commune d'Egypte, eut la vanité d'élever à ſes dépens une pyramide comme les Rois, & d'avoir gagné par amour des dépoüilles égales à celles que leur violence avoit emportées ſur leurs ennemis, & ſur leurs peuples.

Herod; lib. 2.

Voilà comment cette opinion, que l'honneur eſt preferable aux biens & à la vie, a fait que les hommes, pour ſe flatter dans leurs deſordres, leur ont donné le titre d'honneur ; ainſi ils s'y ſont abandonnez, non ſeulement avec audace, ſans crainte & ſans reſpect, mais ils en ont tiré de la vanité, & s'en ſont promis de l'eſtime. C'eſt fait de Jeruſalem, dit le Prophete, ſa ruine eſt inévitable ; car ſa bouche s'eſt ouverte ; ſes deſſeins ſe ſont formez contre le ciel, elle défie ſa juſtice comme ſi elle étoit im-

Iſa. 3.

puissante, quand elle commet ce qui luy étoit défendu, quand elle publie, quand elle vante son peché comme Sodome & Gomorrhe. Quoy, l'honneur sera pour les richesses, elles recevront un applaudissement universel, elles possederont les plus belles Charges d'un Etat, quand on est certain qu'elles sont acquises par la ruine des peuples, & par la desolation des Provinces! Cependant ces criminels, pour qui les basses fosses n'ont pas assez de chaînes & de tenebres, goûtent tous les plaisirs de la vie dans des Palais d'or & d'azur: S'ils paroissent en public, c'est comme en triomphe du pauvre peuple qu'ils tyrannisent, & auquel la Justice les devoit depuis long-temps avoir immolé. On ne sçauroit changer l'ordre ny les qualitez des élemens dans le monde: on ne sçauroit faire que la terre ne tombe en bas par sa pefanteur, qu'elle ne foit impenetrable à nôtre corps; que l'eau ne nous étouffe au lieu de fervir à nôtre refpiration comme l'air; neanmoins on entreprend de faire paffer le vice pour la vertu, l'infamie pour le point d'honneur, & fous ce faux titre, pire que toutes les illufions des tenebres, on induit au mal, des volontez qui ne doivent tendre qu'au bien.

Quatorzi'eme Opinion.

Je ne puis pas empêcher la liberté des jugemens que les hommes feront de moy, il me fuffit que Dieu voit mon cœur.

D'Abord on prendroit cette Opinion pour le fentiment d'un Socrate, d'une Epitecte, ou de l'un de ces anciens Philofophes, qui mettant le vulgaire au rang des chofes incertaines &

déraisonnables, negligeoient ce qu'ils ne pouvoient ny comprendre ny reformer. Il semble même qu'un Chrêtien grand contemplatif auroit les mêmes pensées, & que comme Dieu est l'unique objet de ses desirs, quand il plaist à sa majesté le gratifier de ses entretiens dans le secret cabinet de son ame, il doit toutes ses attentions à ces paroles interieures, qui luy sont des beatitudes, sans se divertir à voir ou entendre les bruits d'une basse cour. Son cœur fait à son Souverain un sacrifice de ses affections toutes entieres ; & il se met dans tout ce qu'il peut d'integrité pour recevoir l'abondance de ses graces. Il n'a que ces deux mouvemens divins, rapportans aux deux qu'il a naturels pour la respiration, tous les autres luy sont convulsifs & violens. Cela se passe dans une region plus haute que celle des choses humaines, & comme les hommes ne peuvent sans temerité porter sur cela leur jugement, ce seroit une bassesse à cette bonne ame de s'informer quels ils peuvent être, vrais ou faux, puis que tous ses soins ne vont qu'à se rendre tous les jours plus susceptible des faveurs de Dieu. O que ce genereux mépris des jugemens humains seroit à souhaiter dans le monde? mais il me semble trop sublime pour être mis entre les opinions communément receuës du peuple, qui quitte les choses intellectuelles pour les sensibles, & qui au chapitre precedent s'est fait paroître si passionné pour la reputation, qu'il la prefere aux biens & à la vie. Il n'est donc pas prêt de passer si-tôt à des sentimens contraires, & tenir en mépris une estime qu'il considere comme la source de tout ce qu'il peut desirer de biens.

Celuy donc qui tient ce discours; Je ne puis pas empêcher la liberté des jugemens que les hommes feront de moy, il me suffit que Dieu voit mon cœur; supposé qu'il ne s'acquitte pas à l'exterieur de tous les devoirs que la vertu morale, que la civilité, que la charité, que les commandemens de Dieu & de l'Eglise demandent de luy, il se dispense de ces bons offices & de ces obligations: & pour n'en avoir point la peine, il aime mieux qu'on luy en fasse le reproche. Il excuse le mal apparent par une devotion invisible, qu'un esprit du monde a sujet de ne pas tenir pour veritable. Nous sommes parties de l'Eglise & de l'Etat, où nous formons une societé sensible, qui s'entretient par des signes & des devoirs sensibles. Nous ne parlons pas comme les Anges par nos pensées, il faut des paroles qui les expriment à nos oreilles, ou des écritures qui les montrent à nos yeux. Les deux puissances Ecclesiastique & Civile, qui tiennent sur nous la lieutenance de Dieu, nous prescrivent certaines loix à qui nous devons l'obeïssance non seulement mentale, mais exterieure, par les vœux & par les ceremonies, afin de rendre à Dieu l'hommage des deux parties dont nous sommes composez, & puis en veuë de nôtre prochain dont les affections & naturelles & charitables, ne se peuvent entretenir sans quelques démonstrations sensibles. Vous l'offenseriez de ne pas répondre à ses demandes, que par une morne & opiniâtre taciturnité; à ses salutations, que par une posture immobile, comme si vous étiez sourd & aveugle. Sans doute il ne seroit pas satisfait des intentions que vous diriez avoir de ne le point offenser ; c'est ce qu'il ne voit point, & ce qu'il ne luy est pas facile de croire. Si la police de vôtre ville vous charge de quelques obligations personnelles, comme d'aller en garde en certain temps, vous n'en serez pas quitte pour toutes les protestations que vous ferez d'avoir de tendres affections pour vôtre patrie ; il en faut des preuves, & un acquit par des effets. L'Eglise est vôtre Mere, qui vous a donné la vie de la grace par le Baptême ; elle vous fait sçavoir les Commandemens de Dieu, de l'aimer plus que toutes choses ; d'aimer vôtre prochain comme vous-même, ne luy faire aucun tort, & luy procurer tout le bien possible ; donner l'aumône, & vous acquiter de tous les devoirs de la charité, sans lesquels, & avec toutes vos bonnes intentions, vôtre foy passera pour morte. La sainte

Eglise vous fait d'autres Commandemens qui reglent vos exercices de pieté, d'entendre la Messe les jours de Fête, de frequenter les Eglises, de recevoir les Sacremens de la Penitence & de l'Eucharistie: Ne dites point pour vous en dispenser que vous priez à huy-clos; ce n'en est pas le temps, quand on vous commande de paroître dans l'assemblée des Fidelles pour y faire une publique profession de vôtre foy, l'accroître en vous par celle des autres, & les y confirmer par vos bons exemples.

Le Carême est un temps que l'Eglise consacre à la penitence, pour expier les trop grandes libertez sensibles de toute l'année. Elle vous ordonne le jeûne; ne vous en exemprez pas pour de legeres incommoditez; ne vous donnez pas de bons desirs & de pures intentions de vous conserver des forces pour le service de Dieu au temps à venir, quand à present il veut que vous sevriez un peu vôtre bouche pour le profit & de vôtre corps & de vôtre ame. Vos delais sont des refus à une puissance qui a droit de vous commander, & à l'assemblée des Catholiques, que vous offensez, si vous ne luy rendez pas ce qu'elle merite de respect & de déference. En quelque belle humeur que vous puissiez être, quand vous entrez dans une maison où tout est en deüil, vous composez vos paroles & vôtre visage à la modestie. Si vos yeux ne vous donnent pas, comme vous souhaiteriez, des larmes de compassion, vous la témoignez au moins par vôtre posture dolente. En cette rencontre un ris passeroit en vous, & au jugement des plus sages, pour une folie. Considerez que l'Eglise, qui prévoit la mort prochaine que Jesus-Christ a voulu souffrir pour nôtre rachapt, en témoigne son ressentiment par l'abstinence de ses nourritures ordinaires. En autre temps, dit S. Gregoire, le jeûne vous seroit une mortification qui auroit son merite & sa recompense; mais en Carême c'est une loy divine, dont la transgression est un peché suivi de sa peine. Les trente-six jours de jeûne sont la dixme des trois cens soixante & cinq de l'année dont Dieu nous a donné la joüissance, & ce qu'il y a d'austerité sert à l'expiation des excés que nous avons commis en l'usage de ses biens. Manquer à cette pratique universellement receuë dans l'Eglise depuis les Apôtres, c'est une insupportable lâcheté, & une criminelle desertion, puis que les vrais Catholiques ont aujourd'huy cette observance singuliere entre autres, qui les distingue des Huguenots.

D. Greg. Naz. ep. 74. D. Aug. serm. 62. de tempor. Concil. Tolet. VIII. c. 9.

Hugo à S. Vict. Miscell. lib. 1. tit. 21.

Hugue de saint Victor fait cette observation, que les vapeurs tirées de la terre par la chaleur du Soleil, y retombent, quand le froid de la moyenne région les espaissit & leur rend la pesanteur de l'élement d'où elles sont prises, mais avec des effets fort differens selon les qualitez & la matiere qui les composent, & de l'air où elles passent : Car les unes, dit-il, comme les neiges & les douces pluyes tombent sans bruit, les autres fondent en bas, avec beaucoup de violence, de fracas, & de dommage, comme les gresles, qui ravagent les vignes & les moissons, les foudres, qui abàttent & bruslent les édifices. Ce grand homme dit que ces meteores nous representent les differentes cheutes des personnes, que la grace avoit retirées du Monde pour les mettre dans un estat plus sublime & plus heureux; car celles qui ne sont que dans une condition particuliere retombent par l'inconstance de leur esprit, & par les foiblesses de la nature, dans leurs mauvaises inclinations, en sorte que si le danger en est sensible, il ne fait pas beaucoup de bruit, il n'est pas fort étendu, & n'a point de suite. Mais quand les hommes éminens en dignité, sur qui les peuples arrestent leurs yeux, manquent à leur devoir, c'est une desolation comme publique, où la foy, la charité & les esperances de tous, demeurent offensées, par un scandal inestimable. On le définit, une parole ou une action déreglée, qui donne sujet au prochain de se perdre, & qui est la cause de sa ruine par les fortes impressions, & les mauvais exemples qu'il en reçoit. Car ces personnes remarquables, sont le peché & le reproche de toute une Ville, comme saint Chrisologue le dit de la Magdelaine. Elles ne se contentent pas,

Bonav. de Peccat. q. 4.

comme les Pharisiens, de ne point aller au Ciel, mais elles en empéchent aux autres l'entrée; leur mal est contagieux, elles ne tombent que comme le dragon de l'Apocalypse en attirant beaucoup d'autres aprés elles, il leur eût esté meilleur d'estre de bonne heure jettées dans l'eau une meule au col, elles ne seroient chargées que de leur démerite particulier, où ayant causé la ruine de plusieurs, elles en porteront la peine.

Le mal pour petit qu'il soit, se peut multiplier comme à l'infiny, il ne faut qu'une étincelle sur de la paille ou de la poudre à canon, pour causer un horrible embrasement ; un deserteur peut causer la déroute d'une grande armée. Le scandal que donne un mauvais Chrétien, de negliger les Eglises, l'usage des Sacremens, l'observation des jeusnes, de mesurer les articles de la Foy,

Matth. 23.

à la portée de son jugement, fait des impressions plus fortes qu'on ne peut croire sur des esprits communs, quand ils voyent par experience que ces loix divines ne sont pas inviolables, qu'ils ne sont pas seuls dans le Monde qui en doutent; qu'il ne tient qu'à se declarer pour donner aux autres l'audace de faire le méme, & de croistre en nombre. Un oiseau fait à la cage, arreste ceux d'une même espece qui volent sur luy, & par son appeau les attirent dans le filet du chasseur. Un libertin prend plaisir à faire tomber les autres dans ses sentimens, de les avoir pour témoins, pour amis, pour garde, de couvrir & d'excuser par la multitude, ce que l'usage & la raison y remarquent de plus étrange.

Le desordre devient extréme quand il paroist en des puissances que tous suivent, que tous veulent imiter par flaterie, par interest, & dans l'esperance de l'impunité. Le Prince est l'ame de ses peuples, il les formera bien plus facilement par son exemple que par ses loix, qu'ils n'estimeront justes & données de Dieu, que quand ils l'y verront luy-même soumis. Que s'il est le premier à les rompre, ses desordres causent de malheureuses effusions, comme sont celles du centre à la circonference, qui gastent & corrompent tout, & qui ruinent la probité dans les esprits, n'y laissent que des vertus apparentes, des crimes & des perfidies veritables, dont enfin il sentira luy-même les funestes évenemens, C'est pourquoy Tibere, qui ne voulust pas que la mauvaise conduite de sa vie fut nuisible à la conservation de son Empire, & à la seureté de sa personne, passoit quasi toute l'année à la campagne avec une fort petite Cour, pour

Tacit. 4. an.

avoir le moins qu'il pourroit d'yeux & de bouches témoins de ses dissolutions. David commet un adultere & pense le bien couvrir par un homicide, mais ces deux crimes mis l'un sur l'autre, furent si visibles aux peuples, & causerent un scandale si prodigieux en tout le Royaume, qu'autant qu'il se trouva d'habitans, ce furent autant de voix qui imploreront les misericordes de Dieu. Aussi le Prophete, qui par l'ordre exprés vint faire la reprimande à ce Prince, ne le condamne pas tant d'avoir commis ces crimes énormes, que d'avoir offensé la conscience de ses peuples par un scandale inoüi, & en cela luy avoir donné sujet de blasphemer le nom de Dieu. Quoy, disoient-ils, Dieu qui est bon, qui est juste, qui est veritable, nous a-t-il donné par une élection singuliere, un Prince sujet à violer la loy, dont il devoit prendre la protection, à troubler la paix des familles par ses adulteres; & au lieu d'expier sa faute par la penitence, par les vœux & les sacrifices, répandre le sang de l'innocent dans un combat où ce pauvre Capitaine, déja cruellement offensé, exposoit sa vie pour le servir? Comment adorer un Dieu qui veut être representé par un Lieutenant de sa puissance, si outrageux à son peuple, & qui acheve ses injustices par d'ingrates, sanglantes, & mortelles perfidies? Helas! la dissolution ne seroit-elle pas entiere, si ce pauvre peuple déja maltraité, étoit encore selon le cours de la Justice divine, puni pour le peché de son Prince? Il ne suffit donc pas à ceux qui gouvernent, de laisser au peuple le secret jugement de leur conduite, qu'ils ne peuvent empêcher; mais il faut qu'ils soient des loix

vide Digesti sapient. to. 2. magnitudo contrar. pœna

vivantes qui operent ce qu'elles ordonnent, & qui portent leurs sujets au bien qu'ils en prétendent, comme le premier mobile, emporte les autres cieux par son mouvement.

publica ob peccatum regnantium.

Ces mêmes considerations regardent ceux, que Dieu choisit entre les peuples pour les élever au Sacerdoce, non pas comme des vapeurs qui fondent en orages & en foudre, ny qui éclatent comme les cometes d'une funeste lueur, ordinairement fatale aux Royaumes, mais afin qu'ils soient dans le Monde, ce qu'est l'agneau dans le Ciel, au lieu de Soleil, une lumiere universelle, toûjours égalle, sans vicissitudes, sans tache, sans Eclipse, sans Occident. Le Sacerdoce est appellé Royal, parce qu'il doit estre saint, & que la sainteté de Jesus qu'il a pour modele, est le fondement de sa puissance. C'est, dit saint Hie- *D. Hier.*

rofme, une qualité tres-fublime, mais dont les cheutes font des précipices, parce que ceux qui tombent de cét état, font plus pefans, en ce qu'ils portent les pechez de tout le peuple, avec ceux du fcandal qu'ils peuvent leur avoir donné. L'extréme refpect que je porte à ce facré Caractere m'empêche d'écrire les fentimens des Peres de l'Eglife fur ce fujet, que le Lecteur peut voir au lieu que je cite. Il ne fuffit pas aux perfonnes de cette profeffion de dire que Dieu lit dans leur cœur, fi le monde ne void la fainteté de leur vie pour la fuivre, & pour efperer les graces du Ciel, que leurs merites doivent attirer fur les Villes & fur les Royaumes.

in Ezech. c. 44.

Digeft. fapientia. tit. virtus poteftatis, integritas Sacerdotum. to. 1. & fuplem-
Gregor. P. VII. ep. 42.
Zacharias P. epift. ad Epifc. Gallia.

Quinzieme Opinion.

Qui n'entre point dans les emplois publics passe pour inutil, ou pour incapable.

ON ne sçauroit assez estimer les soins que tous les Etats bien policez ont pris d'entretenir les peuples dans les activitez du commerce, sans leur laisser ny les pensées ny le temps de s'abattre dans l'oisiveté, qui est la mere de tous les maux, & publics & particuliers. Ainsi l'on anime les enfans à donner les premiers essais de leurs forces comme par jeu, par affection, & par un petit sentiment d'honneur qu'on flatte & qu'on recompense, pour imiter ce qu'ils voyent faire à leur pere dans les métiers. Aux ports de mer ils s'exercent à grimper aux voiles, à glisser en bas le long des cordages, à voir les tempêtes sans en être émeus, à se former petit à petit aux manœuvres & aux adresses de la marine. La jeunesse des plus honnêtes maisons est mise aux études, où le Latin, le Grec & les Histoires de ces peuples, remplissent tellement leur memoire ; les fleurs de la Rhetorique, les subtilitez de la Logique, les curieuses recherches de la nature, occupent si fort leur jugement ; les honneurs qu'ils y prétendent par une genereuse émulation leur y font trouver tant de plaisir & de si fortes attaches, qu'ils oublient les affections naturelles de leur famille & les divertissemens de leur âge. On est surpris d'entendre leurs raisonnemens, de voir qu'ils parlent en Senateur, dont la classe leur aura donné le titre, & qu'ils se rendent arbitres des plus grands hommes de l'antiquité, d'un Platon, d'un

Aristote, des Alexandres & des Cesars. Aprés ces études qui rendent un gentilhomme plus capable de tous les emplois de paix & de guerre, & qui luy donnent moyen de traiter sans truchement avec tous les peuples de l'Europe, sçachant la langue Latine, il est mis dans l'Academie, où les exercices du corps sont si continuels, les fatigues y ont si peu de relâche, que sans reserve par un sentiment d'honneur, il faut y donner tout ce qu'on a de force & de courage. Cependant ce ne sont là que les premiers essais de la milice, où les jours de garde, les exercices, les reveuës, les voyages dans les fâcheuses saisons, les incommoditez de toutes choses se suivent ordinairement de si prés, que le soldat y souffre les mêmes fatigues qu'il doit trouver dans les plus penibles occasions de la guerre. Le cadet qui en fçait le fort & le foible, qui a déja fait quelques campagnes, qui a veu les fieges & les combats, trouve que les armées vont d'un pas trop lent pour fon âge, & pour les grands emplois que fon courage luy fait efperer.

Celuy qui aprés la Philofophie fait état de fuivre la Robe, entre avec beaucoup d'avidité dans les études du Droit, dans cette folide fcience des Sages qui juge les autres, qui prefide à tous les Confeils, qui termine tous les differends par des refolutions prifes des loix de la nature, du Droit Romain, des Coûtumes, des Canons, & de l'équité; aprés en avoir verifié les grandes maximes par la Pratique, par les Confultations, par les Arrefts; aprés en avoir mille fois porté le jugement par avance aux petites affemblées qui fe forment au Barreau, devant que
le

le silence soit proclamé pour entendre l'oracle de la justice, celuy qui se croit assez instruit dans les affaires, se lasse d'en être toûjours auditeur, & veut enfin en être le Juge; ses parens, ses amis l'y portent par affection, & par l'interêt qu'ils ont d'en recevoir du support. La voix publique luy fait une espece de necessité d'entrer dans un Emploi public, qui soit le fruit & la récompense des peines de sa jeunesse, à moins que passer pour incapable ou pour inutil.

Comme la nature adoucit toutes les actions qui luy sont avantageuses par le plaisir, & punit celles qui luy sont contraires par la douleur, ainsi la Police attire les hommes aux Emplois publics, par des honneurs qui flatent l'ambition, & châtie la paresse, qui s'en retire par des reproches qu'un bon courage ne sçauroit souffrir. C'est un coup de la providence, qui veille principalement sur la societé des hommes, de nous avoir rendus si sensibles à ces deux motifs, qu'encore que la liberté nous soit si naturelle & si chere, neanmoins l'honneur nous la fasse volontairement perdre, & passer dans une servitude, pourvû qu'elle soit publique; que des Emplois d'eux-mêmes ingrats, importuns, desagreables, incommodes aux biens & à la vie, passent pour délicieux, s'ils sont honorables. Il seroit seulement à souhaiter qu'on retint un peu la trop grande ardeur que cette opinion cause dans les esprits, & qu'au lieu de Senateurs qui prennent leur nom de la vieillesse, on ne mît pas sur le siége de la Justice, une jeunesse dont l'âge n'a pas encore meuri le jugement, ny temperé les passions, & que comme les nouveaux Medecins, ils acquerent des experiences, aux prix de nos vies.

On parle de limiter en France l'âge des Conseillers a trente-sept ans, mais ne seroit-il point meilleur de les admettre plutôt en la compagnie, sans neanmoins y avoir voix déliberative, qu'en ce temps préfix, afin qu'ils eussent le moyen de se former à loisir, devant qué resoudre, comme la Republique de Rome permit l'entrée du Senat aux enfans des Senateurs, même dés leur adolescence, afin de leur donner un mépris des amusemens communs à cét âge, habituer leur esprit aux grandes affaires, qui occupent les plus sages têtes du monde, & leur faire une necessité du secret, dont ils avoient l'exemple celebre de Pretextatus. Ainsi les nouveaux venus à la milice, ne joüissoient pas de tous les droits du soldat, & n'avoient qu'un bouclier blanc, comme une table d'attente, jusqu'à ce que quelque belle action leur eût donné droit d'en porter les marques. Ainsi dans les Cloîtres, les Novices & les nouveaux Profez, ne sont pas si tôt reçûs aux suffrages & aux droits des Anciens. S'il se trouve des esprits plutôt capables des affaires, deux ou trois ans de repos ne feront qu'accroître leur capacité : Ils seront comme les enfans, qui pouvant naître à sept mois, ont plus de force & plus de vigueur, s'ils ne viennent au monde qu'au terme ordinaire de neuf. Dans ces intervalles, ils peuvent acquerir les reconnoissances dont le défaut les a fait rougir dans les occasions, par ce qu'elles sont, sinon necessaires, au moins tres-avantageuses, à ceux qui ont à juger de tout. Ils justifiront leur théo-

Jam candidus umbo. Pers.

rie par les pratiques, les regles par les experiences ; leurs demandes & leurs reflexions curieuses, donneront des ouvertures a des reglemens, dont les esprits accablez d'affaires, nourris dans des anciennes routines, n'auroient jamais eû la pensée. Ainsi les nouveaux jets des grands arbres, tirent puissamment la seve, dont les branches déja vieilles & languissantes sont ressuscitées.

Si les Anciens quittent quelque chose de leurs craintes & de leurs retardemens par le feu d'une florissante jeunesse, on doit ce bien à l'opinion qui les a tirez d'une vie peut-être licencieuse, pour les engager dans une charge publique ; que l'Etat en tire tous les avantages qu'il luy plaira, le Sage luy en souhaitte encore de plus grands. Mais son premier dessein fut d'avoir la raison, qui est la loy de Dieu pour regle de fa conduite, & non pas le fentiment d'un peuple aveuglé, inconftant, qui n'eft pas capable de recevoir, moins encore de donner de veritables inftructions. Le fujet ne prefcrit point contre les droits de fon Seigneur, ny le peuple contre les expreffes volontez de Dieu, qui nous fait naître libres à faire le choix de la vie que nous jugerons nous être la plus convenable. Si j'entends les plaintes de ceux qui fe font jettez avec trop de feu dans les charges, & qui ont acheté fort cherement leur fervitude, fi j'y voy les peines de leur efprit, les grands perils de leurs ames, les defirs, mais inefficaces, & comme impoffibles, de la retraite, pourquoy voulez-vous que je prefente la main à un qui fe noye pour me perdre, fans le pouvoir foulager ; que je fuive un chemin environné de précipices, parce qu'il est le plus battu, si j'en puis prendre un autre moins perilleux, plus court & plus asseuré ; que le peuple fasse passer ses opinions pour des loix tant qu'il luy plaira, elles ne seront pas reçuës de ceux qui sont citoyens du ciel, qui peuvent voir en passant les modes & les coûtumes du monde, sans s'y obliger. Les pestes & les autres maladies populaires, ne sont jamais si generales dans un pays, qu'elles y fassent mourir tous les habitans, ceux qui en échappent par quelque favorable disposition du ciel en leur naissance, peuvent servir de remede aux autres, s'ils se servent de quelque chose qui vienne de leur personne, dit Cardan, Celuy qui se retire des charges sans être touché d'une ambition si commune & si contagieuse, doit servir

Cardanus lib. 1. Para-lipom. cap. 10. & in

d'exemple à ceux qui en font malades, & quand ils l'accusent d'être inutil, ils ne font que s'aigrir contre leur remede, sans luy ôter les vertus d'où dépend leur guerison.

Ptolom. libro 2. text. 7.

L'excuse ordinaire de ceux qui se retirent des grands Emplois, est fondée sur ce qu'ils ne se sentent point avoir assez de force pour y reüssir selon leur idée, & pour ne point tomber en des pas que chacun sçait être tres-glissans. Aspirer aux dignitez, c'est une prudence du monde, mais vne folie devant Dieu & devant les hommes, si on ne se sent pas avoir les qualitez avantageuses de science & de probité que les Sages y croyent necessaires. Cette présomption est plus grande que celle d'un homme, qui n'étant pas bien instruit en la Marine, entreprendroit de gouverner un grand vaisseau, où il se perdroit sans doute entre les écüils & sous les tempêtes, avec tous ceux qui se seroient mis sous sa conduite. L'Olivier refuse l'empire des arbres, parce qu'il y faudroit donner les forces qu'il employe plus utilement à porter ses fruits, si commodes à toute sorte d'usage ; quelle apparance qu'un homme sage perde les douceurs de la pieté, de la contemplation de ses études, pour des Charges, dont le poids a fait plier ceux qu'on regardoit comme les colomnes de l'Etat. Faites-y vôtre devoir, vous y encourez la haine du monde dont vous ne suivez pas les interêts : Manquez à la loy de Dieu, vous offensez sa majesté d'un crime qui en enferme plusieurs ; vous êtes toûjours en crainte de sa justice, de celle des hommes, & de celle de la renommée, avec les remords continuels d'une con-

Judic 9.

science qui se condamne & se punit elle-meme.

D. Th. 2. 2. q. 185. art. 1. & 2. quotlibet 5. art. 22.

L'entreprise de se mettre au gouvernement, d'y hazarder son salut & celuy des autres, est d'une telle consequence, les difficultez qu'il y faut vaincre, surpassent tellement les forces humaines, que tout homme qui juge sans passion, s'en doit tenir incapable, & ne se pas croire offensé si on luy en fait le reproche. Car c'est une impuissance dont les plus grands & les plus forts esprits demeurent d'accord par de tres-differentes considerations. Comme si

Seneca. lib. de ita beata. cap. 30. Plato 1. de Republic.

l'on voit le gouvernement si fort corrompu, qu'il n'y ait aucune esperance d'y donner remede, le Sage ne sera pas prodigue de son temps, de ses fatigues, de sa reputation, jusqu'à les perdre par un travail inutil: Il en laissera la charge à celuy qu'il jugera s'en pouvoir mieux ac-

quiter que luy. Ainsi Philip- *Duplex*
pes fils de Louis VI. Roy de *l'an.*
France, étant élû Evêque de *1137.*
Paris, y renonça pour mettre
cette dignité entre les mains de
Pierre Lombard, qu'on nomme
aujourd'huy le maître des sen-
tences, parce que les sciences
& la vertu, doivent être pré-
ferées à la noblesse. En 564. *Le mê-*
sous Cherebert Roy de Fran- *me.*
ce, Crodin nommé Connêtable
ou Maire du Palais, ne voulut
pas accepter cette grande dignité, parce qu'étant dans l'alliance des plus puissans du Royaume, il ne pourroit pas en tirer
raison, comme les interêts de
l'Etat l'y obligeroient, sans
changer les affections naturelles du sang, en des troubles tres-
perilleux & en des haines peut-
être irreconciliables.

En 977. Urseolus, Duc de *Petrus*
Venise, après avoir gouverné *Justinia*
deux ans la Republique avec *Venetæ.*

tout ce qu'il pouvoit defirer de fatisfaction, fe retira fous un habit déguifé en Aquitaine, où aprés avoir paffé quelque temps dans une vie particuliere & folitaire, y mourut dans une eftime de fainteté, confirmée par plufieurs miracles. En 978. Vitalis Candianus, élû en la même Charge, y renonça fous prétexte d'infirmité. En 1290. Dandulus élû à la même dignité par les fuffrages de tout le peuple, fur quelque défaux qu'on remarqua de formalitez, fe retira & fe tint caché jufqu'à ce qu'on eût fait élection d'un autre. Je ne groffis pas ce Chapitre d'une infinité d'autres remarques qu'on peut voir au lieu que je cite; car les Saints dont les merites étoient univerfellement connus, ont toûjours refufé les Charges, & s'ils les ont acceptées, c'eft aprés le commandement exprés des Puiffances, qui

Digeft. fap. to. 1. & fupplem. tit. voluntas poteftatis. Rep. repudiare dignitates.

demandoit d'eux cette soûmission. Les quitter n'est donc pas une marque d'incapacité, mais d'une ame plus sublime qui s'abbaisseroit s'il luy falloit descendre du ciel pour s'asseoir dessus un trône. Ainsi nous avons plusieurs exemples des Rois qui ont quitté leurs couronnes, des Papes qui ont laissé leur tiare, pour professer la vie Monastique, & joüir des veritables libertez de l'ame, dans le service de Dieu.

Ce n'est pas aussi se rendre inutil, de se réduire à une vie particuliere au mépris des Charges publiques, pour se donner entierement aux études & à la contemplation. Je ne croy pas qu'on puisse accuser saint Thomas d'Aquin de ce défaux, quand il renonça à l'Archevêché de Naple, & à d'autres plus grandes dignitez que les Papes luy présenterent. Ils loüerent enfin & admirerent la resolution qu'il avoit prise de passer toute sa vie, à prêcher, enseigner & composer les Livres qui nous restent comme des oracles, où les veritez de la foy sont parfaitement éclaircies, & comme des Arsenals, où l'on prend les resolutions victorieuses des Schismes & des Heresies.

<small>Leg. 2. Cod. de primic.</small> La Loy dit, que qui quitte les Charges publiques en conserve les privileges, quoiqu'il abandonne ce grand travail, pour le changer au repos d'une vie particuliere ; parce que le repos d'un homme de bien, est agissant, comme l'est celuy des Anges au ciel ; il est une source de benedictions pour les Etats, c'est aussi le fondement des immunitez que tous les peuples ont accordé librement & avec beaucoup de respect au Sacerdoce, parce qu'il travaille pour l'éternité, pour tout le

monde, quand au nom de toutes les creatures, il offre des sacrifices de loüanges à Dieu, & qu'en l'Eglife Catholique, il imite autant qu'il peut les offices des Anges au ciel. Celuy qui donne fon temps & fa perfonne à l'exercice d'une dignité civile rend à l'Etat un fervice dont les utilitez font préfentes, mais fort courtes, car elles paffent avec le temps, & ceffent fi on ne les renouvelle à toute rencontre ; mais celuy qui fe retire de ces Emplois s'en prefcrit d'autres plus étendus, & d'une plus longue durée ; car il contemple les merveilles de la nature, il en rend la gloire au fouverain bien qui en eft l'auteur ; il en tire les idées pour la perfection de la morale & de la police, que par fes Livres, il rend éternelles & fenfibles pour l'inftruction de tous les fiécles à venir. Il eft comme l'intelligence motrice des cieux, d'autant plus forte en son action, qu'elle est plus séparée de la matiere, & plus approchante de la souveraine unité qui est le premier acte. Vous ne voyez pas les influences du ciel, les formes substancielles qui animent tous les composez, les racines qui succent la nourriture de la terre, pour l'envoyer aux tiges, aux branches, aux feüilles, aux fruits des plantes & des arbres. Considerez de même cét homme particulier dans sa retraite, comme un esprit universel qui veut profiter à tous par ses écrits, qui ne laisse point de fautes exemptés de sa censure, de bien & de vertus, dont il ne découvre la beauté, & ne cause de l'amour ; sa voix qui se peut faire entendre de tout le monde, est égale à sa charité, sans être bornée des lieux ny du temps, parce qu'elle est une émanation de l'amour eſſenciel, immenſe & infini. Ne conſiderez donc pas un homme libre des emplois exterieurs, comme incapable ou inutil, ſi ce n'eſt à vôtre égard, comme le Soleil avec tous les éclats de ſa lumiere, l'eſt aux yeux qui ne peuvent, ou qui ne veulent pas la recevoir.

Seizie'me Opinion.

La Prudence prévient le mal dont elle ſe voit menacée.

LE ciel a ſon mouvement regulier & neceſſaire, ſans neanmoins que ſes lumieres ou ſes influences, établiſſent un ordre certain, ny des neceſſitez infaillibles dans les choſes inferieures. Les parties des élemens ſe mêlent, s'alterent, ſe deſuniſſent, ſe rejoignent avec des diverſitez infinis, ſous cette loy, neanmoins, que les masses de chacun de ces grands corps, occupent toûjours le même lieu où Dieu les posa à la naissance du monde. Les vertus de ces causes superieures deviennent favorables ou desavantageuses, selon la diverse disposition des sujets qui les reçoivent, & selon que leurs mouvemens indéterminez les portent au choix du bien ou du mal. Cela suffit en passant, pour inferer que les choses sublunaires ne sont pas regies par une fatale necessité, & que la contingence y a son regne selon les hazardeuses rencontres, & les divers mouvemens des animaux.

La premiere de leurs inclinations consiste à se conserver contre les efforts, de ce qu'elles connoissent leur être contraire; ainsi tous se munissent contre les rigueurs de l'hyver, de cette fâcheuse saison sterile de nourriture, cruelle aux sens, & à la chaleur naturelle qu'un extrême froid, gehenne & fait mourir. Ils prévoyent ce temps, & devant qu'ils en reſſentent l'incommodité, les oiſeaux ſe revêtent de nouvelles plumes, les bêtes d'un poil plus épais. Les Abeilles employent tout l'eſté à remplir leurs petites cellules de miel, les Fourmis à faire leurs proviſions de grain, les Mulots de gland & de chaſtaignes, les Lairs & les Marotes des Alpes à preparer les lits dans leurs cavernes, où étant toutes aſſemblées, comme les Abeilles dans leurs ruches & les Fourmis ſous leurs toits, elles ſe font aſſez de chaleur pour n'être point ſenſibles au froid de dehors, qui l'inveſtit, la concentre, la fortifie, quand il l'empêche de s'exhaler. Les Roſſignols, les Fovettes, les Coucous & les autres oiſeaux de paſſage, qui ne vont qu'au vif, aux mouches & aux infectes qu'on ne voit point en hyver, ont un merveilleux préfentiment de cette mortelle faifon, & fans l'avoir jamais experimentée, dés les mois d'Aouft, où leur nourriture eft furabondante & l'air fort temperé, ils nous quittent & vont chercher le printemps d'un autre climat.

La nature inftruit tous les animaux & diftinguent leurs ennemis d'entre les autres, dont la taille & la pofture nous paroît plus menaçante, elle leur en infpire la crainte & l'adreffe de les éviter, comme elle leur donne les armes pour les combattre, quand ils s'y trouvent contraints. Les oifeaux de nuit ont les lieux fombres où ils fe retirent pour éviter la haine & la perfecution des autres ; ceux de jour ont un mouvement de tête continuel, l'œil toûjours au guet pour découvrir & donner l'allarme aux autres, du voleur qui cherche sa proye, ils ont l'aîle prompte, les lieux assûrez pour se sauver ; la Perdrix en étant surprise, se tient immobile, comme la motte de terre dont elle porte la couleur, étant pressée, elle se jette dans le buisson ; le Lapin tout petit qu'il est, creuse son terrier pour se sauver du Chien & du Renard ; le Renard a le sien contre le Loup, le Loup se retire dans le fort du bois contre les Chasseurs. Les Lions d'Afrique, avec tout ce que la nature leur donne de force & de generosité, sentent bien qu'ils ne sçauroient tenir contre les Chasseurs ; aussi pour en éviter la violence, ils s'habituent dans les déserts.

Depuis long-temps l'homme s'est fortifié contre les injures des saisons par les adresses des arts, contre l'hyver, par le feu qui tient lors lieutenance du

Soleil par sa lumiere & par sa chaleur, mais ensorte qu'on le tempere, qu'on le fait naître, luire, échauffer, prendre les dégrez de force ou de foiblesse, autant qu'il nous plaît, & même sans accident, selon les usages où l'on veut que ce Prince des elemens nous rende service. Nous avons prévû les pressantes necessitez du corps, & ne leur avons pas seulement donné le remede, mais nous les changeons en plaisirs & en honneur; nous guérisons la faim par le luxe & les delices des festins ; la nudité par la magnificence des édifices & des habits, les incommoditez de la nuit par la lumiere des flambeaux, qui n'éclairent pour lors que les spectacles, qu'on rend assez beaux pour meriter toutes les attentions des yeux & des esprits. Voilà comment on se joüe des supplices ordinaires de la nature, & qu'on les prévient de sorte qu'on en fait ses contentemens.

Le grand sujet de crainte qu'a l'homme, c'est l'homme son semblable qu'il a pour principal ennemi, parce que les manieres dont il se sert pour luy nuire, sont innombrables, couvertes, déguisées, changeantes, incertaines, sans remede, si elles attaquent quand on y pense le moins, & si les surprises ôtent le moyen d'y faire de la resistance ; cependant comme c'est le droit commun des combats que les armes soient pareilles & que neanmoins l'aggresseur a déja pris ses avantages, & que selon les loix il est meilleur de s'assûrer de son droit, que d'être en peine de le poursuivre, de se payer par ses mains ; que d'attendre d'être satisfait par celles des autres, quelques uns ont fait passer cette cruelle opinion pour veritable: Qu'un homme, persua-

Lib. 3. ff. de compensat.

de par de puissantes conjectures & par les menaces que son ennemi luy a fait, de luy faire perdre la vie, peut le prévenir par un coup pareil à celuy qu'il craint, parce qu'il est irreparable quand il est fait.

Il est vray qu'en ces rencontres on a des sujets tres-justes de défiance, & que tous les esprits ne sont pas si forts qu'ils n'en ressentent de l'inquiétude; mais prenez garde qu'elles sont fondées sur des paroles, sur des conjectures, qui peut être sont foibles & fausses, & que la crainte vous peut representer autres qu'elles ne sont, comme ces lunettes qui grossissent les objets & font paroître une paille comme une poutre. Or si c'est une loy des combats que les armes soient pareilles, est-il juste de vanger une parole, un songe, un faux rapport, par le fer & par le poison ? Supposez que vous

vous soyez le plus foible, nous avons vû qu'en ces rencontres la nature ne permet à la foiblesse pour ses suretez, que de fuir, se cacher, rompre les efforts de la violence par adresse, comme quantité de bêtes qui s'abbatent comme mortes, afin d'éviter le coup de la mort, & qu'on les passe, comme chose acquise, qu'on ne sçauroit perdre. Quelques que soient les inimitiez, elles ne nous réduisent pas à ces inexorables conditions des combattans, dont il falloit que l'un des deux mourut, de sorte que qui perdoit l'occasion de porter son coup, s'exposoit à recevoir celuy de son ennemy; luy donner la vie s'étoit se l'ôter. Les modes d'agir à present, les coûtumes ny les passions, les craintes ny les vengances, ne nous imposent pas ces lamentables necessitez, car les craintes de perdre la vie

A. Gellius lib. 7. c. 3.

ne font pas ordinairement juſtes, & ſi elles étoient telles qu'il fallut ou endurer le coup de la mort, ou le prévenir; les anciens Tyrans qui ſe voyoient haïs de leur peuple, & tous les jours contraints de punir les attentats ſur leurs perſonnes, euſſent fait mourir tous leurs ſujets, & euſſent ceſſé de commander, comme le feu de brûler, quand il a conſumé toute ſa matiere. Le peu qu'il leur reſtoit de raiſon, jointe à leur propre interêt, mit des bornes à leur cruauté, & leur fit connoître que pour trouver quelque ſûreté parmi ces ſujets de crainte, il ne falloit pas verſer tant de ſang, mais ſe mettre ſous de ſûres gardes, qui puſſent rendre toutes les mauvaiſes volontez ſans effet. Ainſi Auguſte dans les ſeveritez qu'il crut neceſſaires au commencement de ſon Empire, aprés la mort de Cesar, n'alloit au Senat que couvert d'une cuirasse sous sa robbe, environné de ses amis tous secretement armez, jusqu'à ce que par le conseil de Livia sa femme, il calma tous les esprits par les exemples reïterez de sa clemence. Il s'apperçût que les innocens pouvoient souffrir avec les criminels par des soupçons ordinairement faux, & cela rendit enfin les delateurs qui entretenoient ces craintes, abominables aux Princes & aux peuples, quoique leurs accusations eussent quelque fondement sur des paroles dites avec indiscretion.

Tacit.
l. an. de
Hispo.
& 4. de
Cornut.
& 6. de
Senato.

Toutes les fois que le ciel noir des nuës brille d'éclairs, & semble boulverser tout là haut, par des tonnerres, il ne lance pas ses foudres ; toutes les menaces ne sont pas des resolutions prises d'executer ce que la bouche prononce dans la chaleur de la colere, & quand on en auroit lors les volontez, la main n'eſt pas ſi prompte à ces grands effets, que l'eſt l'eſprit à former ces noires idées, l'horreur que l'ame a du crime, les remords de la conſcience, la crainte de Dieu, des hommes & de la Juſtice, rompent ordinairement ces coups ; les petits chiens ont coûtume d'abboyer de peur, & les moins hardis ſe contentent des menaces, n'ayant pas la reſolution d'en venir juſqu'à l'effet ; à vray dire ils n'en ont pas la volonté, quand ils la publient, quand ils perdent avec le ſecret les moyens d'y reüſſir, ils diſent ce qu'ils doivent faire, afin qu'on les empêche, & que celuy dont ils ſe tiennent offenſez ſoit ſur ſes gardes ; ils le craignent & veulent être craints, & paroiſſent tous prêts au combat, pour faire plus honnêtement la paix les armes en main. Le monde est aujourd'huy si battu de ces comedies, que les menaces sont des reproches à celuy qui les ose faire, & si sa partie en tire raison, c'est pour faire voir qu'elles ne luy ont point donné de crainte, & se vanger de ce qu'on l'a crû capable de cette foiblesse.

Une femme qui menace n'est point encore estimée méchante, quoique la témerité de ses paroles, merite d'être châtiée par quelques refroidissemens, on ne la doit craindre que quand elle affecte trop de caresses pour témoigner son amour ; on craint l'ameçon caché sous l'amorce, & par l'excez de ses mignardises on juge qu'elle est celuy de ses mauvaises volontez. Pour preuve de cela, Boërius en ses décisions, rapporte ce fait. Une femme emportée d'une furieuse colere contre un homme, jure

Boërius decison. 167 n°. 3.

& proteste qu'en peu de jours elle luy fera perdre la vie ; un ennemi couvert de cét homme prend cette occasion, & le fait assassiner, afin que la femme fût accusée de sa mort, en effet elle est emprisonnée, mise à la question, dans les douleurs elle confesse qu'elle a fait tuer cét homme, comme justement convaincuë, elle meurt à la potence. Depuis sa mort, l'auteur de cét assassinat fut reconnu, & donna tout ce qu'on souhaitoit de preuves pour justifier que la femme étoit morte innocente de ce crime. D'où ce grand Jurisconsulte, conclud que les menaces & les gehennes, ne sont pas des fondemens infaillibles sur qui l'on doive appuyer un jugement criminel. Il confirme cette verité, par la décision suivante.

Idem decision. 168. nu. 12. Un homme menacé par un plus puissant que luy, qui a coûtume de perdre tous ceux qu'il menace, n'a dit-il, point de droit de le prévenir, ny de luy ôter la vie, crainte de la perdre, car les Loix ne mettent les armes en la main d'un particulier pour sa défense, que sur l'heure même, ou autrement il est en un peril inévitable d'être tué, car hors cette occasion il peut pourvoir à la sûreté de sa personne par une infinité d'autres moyens, comme par l'entremise de ses amis, par l'autorité du Prince & de la Justice, enfin par l'absence & par la fuite, dont la nature nous donne de si familieres instructions. Un Dogue, un grand Levrier d'attache qui attaqueroit un Loup, se retire d'un petit chien enragé, car il sent de loin la malignité de son mal, qu'il pourroit gagner, s'il mettoit la dent dessus luy. En prévenant vôtre ennemi vous pensez arrêter vos craintes, & vous mettre hors de peril, neanmoins vous vous engagez en de plus grands ; pour un homme qui vous faisoit peine, vous en avez plusieurs conjurez à vôtre ruine, car le sang humain injustement répandu a sa voix qui porte jusqu'au ciel, & que la renommée répand en tous lieux. Ce mort vit encore en la personne de ses enfans, de ses parens, de ses amis ; la justice divine & humaine vous poursuivra par tout, tôt ou tard la verité sera reconnuë, & vous n'en éviterez pas les peines. L'Apôtre vous enseigne un moyen fort innocent pour prévenir tous les perils dont la malice du monde vous peut menacer, qui est de vivre en paix avec chacun, & dans la rencontre d'une humeur, si difficile qu'elle puisse être, rendre le bien pour le mal, vous vous déferez ainsi de vôtre ennemi, & sauverez sa personne par

Cum omnibus hominibus pacē habentes. Roman. 12. 18.

une bonté entierement officieuse, qui changera sa haine en amour.

Quoy donc que les menaces procedent d'une mauvaise volonté, on ne doit pas en prevenir les effets douteux & incertains, par des violences effectives & irreparables, dans la multitude d'autres moyens innocens qu'on a pour n'en être pas offensé. Si je crains le débordement d'un fleuve, ou les ravages d'un torrent, il m'est permis de fortifier mon heritage par de si bonnes digues, qu'il ne les puisse forcer, & qu'il soit contraint de prendre son cours, où il trouvera sa pente. Ainsi quand cét homme m'intimide par ses menaces, il m'avertit de ne me pas exposer à sa colere, de m'abstenir de ce qui l'irrite, de pourvoir à mes suretez, & me retrancher si bien par des moyens qui me servent de protection &

Leg. 1. Cod. de alluvione.

par des conduites si modestes, qu'elles détournent ses mauvaises volontez ; les Puissances nous montrent souvent un visage plein de colere, & nous étonne de leurs menaces ; mais ce n'est que pour nous détourner du mal, comme un Prédicateur par ses mouvemens, un Medecin par les dangereux symptomes qu'il prédit ; si on ne prend ses remedes l'on n'entreprend rien pour cela, contre ce que l'on doit de respect à ces personnes, dont les severitez sont obligeantes, qui ne veulent que nôtre bien, & qui nous en font un espece de necessité, quand on ne s'y porte pas par élection. Vous desarmerez vôtre ennemy, en luy cedant quelque peu de chose ; vous meriterez l'estime & l'affection des Puissances ; au lieu des menaces, vous en recevrez de l'honneur & des recompenses, si vous demeurez dans les termes de vôtre devoir ; les menaces de quelque côté qu'elles viennent ne font donc pas des craintes legitimes, qui obligent à faire le mal, mais plutôt à l'éviter par des pratiques de vertu. Le Juge qui interroge un criminel peut bien le menacer de grande peine, s'il ne découvre la verité, mais il ne les fait pas toûjours fouffrir. C'eft pourquoy faint Cyprien ne met pas, comme nous avons dit, entre les perfonnes à qui l'on donnoit une facile abfolution, celles qui épouvantées par les menaces des Juges, renonçoient à la foy Chrêtienne ; mais fi elles étoient tombées dans ce malheur, aprés s'être expofées aux fupplices & lorfque les infirmitez de la nature avoient plié fous leur violence. Seneque remarque que les exhalaifons extraites des chofes humides, forment des nuës qui ne caufent

L. fin. ff. de rei vind.

s. Cypr. lib. de lapf.

Senec. lib. natural. quæft. 7.

Mart.
lib. 9.
25.

que des tonnerres & des éclairs sans foudre, qu'ils y disoient venir de Jupiter, le plus favorable des Planettes, & le plus ami de nôtre nature. Ainsi les menaces, comme nous avons remarqué, ne sont pas ordinairement les preuves d'une passion toute resoluë à faire le mal; mais craintive, & qui semble en donner avis pour n'avoir pas sujet de le commettre. Quand les nuës enfermeroient une exhalaison chaude & seiche, qui est la matiere de la foudre, ce meteore qui se fait craindre de tous, frappe si peu de personne quand il tombe, & ses grands effets sont si rares, qu'ils n'empêchent pas la liberté du commerce, & si l'on en est surpris à la campagne, on ne s'effraye pas plus que d'un coup de canon dans une armée. Representez-vous les plus mauvais courages qui ne peuvent commander de sorte à leur passion, qu'elle n'éclatte en menaces, ce que l'idée de leurs mauvais desseins leur donne d'horreur, & ce que la vehemence de leurs paroles cause de crainte, & arrête par une generale & plus grande crainte qu'on doit avoir des jugemens de Dieu, des severitez de sa justice qui ne laisse point de crimes impunis, & qui en étend la vangeance jusqu'au quatriéme dégré. Remettez donc, nous dit-« il, vos interêts entre mes mains, « ils vous seront conservez avec « de notables profits, car vous « vanger vous-même, c'est agir « contre les défenses expresses que « je vous ay faites, & entrepren- « dre sur la jurisdiction que je me « reserve.

Dix-septieme Opinion.

C'est une justice de rendre la pareille à ses ennemis.

SI la bonté divine a tiré toutes les creatures du rien dans l'existence, sa justice les a mis en ordre avec des proportions si accordantes au bien des natures singulieres & de l'univers, que de cette égalité geometrique dépend leur conservation. Or comme il est difficile que dans le commerce des élemens & dans les activitez des choses inferieures, il ne se rencontrent des excez & des défaux qui troublent l'harmonie du monde, la providence divine remplit les globes celestes d'une intelligence motrice, qui remet toutes les parties & toutes les cordes de cét instrument dans leurs accords, s'il arrive qu'elles s'en écartent. Ces corps superieurs tous d'une figure spherique, parfaitement égale, incorruptibles en leur substance, differens en leurs vertus, reguliers en leurs mouvemens, nous font icy bas les lieux, les temps & les occasions, où toutes choses, aprés ce qu'elles ont enduré de pertes, sont rétablies dans leur droit.

Le Soleil s'éloigne des Poles, afin que ces deux parties également éloignées de sa chaleur, soient à la faveur du froid deux sources abondantes des eaux qui s'écoulent vers le Mydi, pour remplacer celles que les excessives chaleurs y consumment, & entretenir ainsi l'égalité de sa surface. Là les nuits égales au jours, causent des fraîcheurs & des rosées qui servent au temperament des corps, & à la nourriture des plantes. Dans les Zones temperées, le Soleil se retire à certaines heures de leur horizon, afin que les étoiles, dont il avoit couvert la lumiere le long du jour, ayent le temps d'éclater aux yeux des hommes, & cependant que la terre est enveloppée de tenebres être seules l'objet de leurs attentions, pour y découvrir les grandeurs de Dieu & quelques préjugez de l'avenir, necessaires à nôtre conduite. La nuit est le temps où le corps reprend les forces consummées par le travail du jour, où les bêtes feroces cherchent leur proye, & ne punissent que la negligence de celles qui n'ont pas bien pris leurs sûretez pour s'en garantir. Quand il faut que le travail du Laboureur repare toutes les ruines de l'hyver passé, le printemps emprunte de luy quelques heures en satisfaction de la besogne qu'il luy a taillée, & rend ainsi les jours plus longs pour suffir au plus grand travail & nous donner le

Theod. orat. 1. de provid.

moyen de contempler plus à loisir la nature, quand elle se montre plus belle; & puis le Soleil revenant aux équinoxes, fait justice à ces diversitez necessaires aux saisons, & les réduit toutes à l'égalité que Dieu mit au monde quand il le créa.

Vide fatum univer. pag. 6.

La police des Etats s'est reglée sur celle de l'Univers, & parce qu'on a connu par experience que le domaine des biens étant commun fût negligé, on jugea meilleur que chacun eut le sien propre, afin que l'amour qu'on a naturellement pour soy, fût plus diligent à le conserver, comme un moyen d'où dépend le repos & la felicité de la vie. Mais cependant que l'avarice d'un seul amasse & conserve ces commoditez, la convoitise de mille autres travaillent pour les ravir, par la force, par les addresses, par les coups invisibles de la mauvaise foy, inévitables, si une Puissance superieure n'empêchoit ces usurpations, & ne rétablissoit les foiblesses opprimées, en leurs premiers droits, comme le ciel ne permet pas aux parties du monde d'anticiper l'une sur l'autre, mais les réduit aux lieux & aux quantitez qui leurs sont propres. Le Prince fait dans son Royaume les favorables effets que nous voyons causés par le Soleil dans le monde; les loix qu'il publie, les ordres qu'il donne, sont les temps & les saisons qui prescrivent ces rétablissemens ; les Ministres qui le representent, & qu'il employe, sont les astres qui recevoient sa lumiere, & qui joignent leurs vertus aux siennes pour l'établissement de la justice, d'où dépend la paix & la felicité des peuples.

On rend à chacun cette justice & ce qui luy est dû, quand les satisfactions qu'il prétend, égalent l'injure qu'il a receuë, & qu'une personne publique, sage & dégagée de tout interêt particulier en porte le jugement ; c'est sur cela que les anciens Legislateurs fonderent la peine du talion, qui fut la premiere & la plus universellement reçûë, qui punissoit un homicide de mort, la violence qui arrachoit un œil de la tête, qui rompoit, qui coupoit un bras, une jambe, par une peine & une perte égale à celle qu'il avoit fait souffrir à son prochain : C'étoit en cela, dit un Orateur, abreger beaucoup les consultations & les procedures de la Justice, quand le crime qui est commis montre en soy ce qu'il merite de peines ; mais elle remplissoit enfin une Ville de borgnes, d'aveugles, d'estropiez, & pour reparer la mort d'un citoyen, elle en perdoit deux. Aussi cette inexorable rigueur qui ne s'accordoit pas a-

Gen. 9.

Quint. declam. 11.

vec les équitables considerations des lieux, des temps, des personnes, & des autres circonstances qui doivent être bien pesées dans une affaire, fut enfin jugée non suffisante, & avoir souvent ou trop ou moins qu'il ne faut de sévérité, si le Magistrat qui faisoit l'application de cette loy, n'y apportoit du temperament. Sans cela s'étoit prétendre de guérir toutes sortes de maladies par un seul remede, tracer toutes sortes de plans & de figures par une seule ouverture de compas ; arriver à tous les ports de l'Occean, les voiles & le gouvernail du vaisseau, étant arrêtez sur une même ligne. Le même peril où s'exposeroit la navigation sans l'usage de la boussolle, seroit à craindre dans les jugemens, s'ils n'étoient fondez que sur une loy generale, sans le discours de la raison.

Ce châtiment égal à l'offense,

semble encore se justifier par cette maxime de droit : Qu'un Juge quand il s'agit de ses interêts, doit suivre les mêmes nouveaux reglemens qu'il a fait garder aux autres ; cette ordonnance fut faite premierement, disent les Auteurs, pour obliger les Juges à suivre les pratiques ordinairement reçûës, sans introduire des nouveautez toûjours perilleuses, & puis pour les retenir de commettre une injustice qu'ils seroient contraints de souffrir dans l'occasion où il s'agiroit de leur propre fait. C'étoit une peine veritablement déterminée par la loy, mais qui n'étoit executée, qu'ensuite de la condamnation prononcée par une autorité publique ; c'est l'ordre que le particulier n'entreprenne pas ce qui doit être fait par le Magistrat, aussi les loix seroient inutiles, si elles étoient laissées à la discretion des cou-

Quod quisque juris in alterũ statuerit, ut ipse eodē jure utatur. ff. 2. tit. 2. & ibi Wesemb.

Leg. 7. ff. de off. procur.

L. 176. ff. de reg. juramens.

Leg. 8. ff. de obligat. & act.

pables, ou trop violentes si leur effet étoit remis au sentiment des offensez, comme le duvet du Castor & de l'Oye qui touche leur chair, est incomparablement plus délié que le poil & que les plumes qui les couvrent au dehors ; chacun sçait que l'affection naturelle qu'on a pour soy-même, est plus tendre, que pour tout autre, en quelque consideration qu'il puisse être. Neanmoins l'opinion que nous examinons icy, établit un homme partie, témoin & juge en sa propre cause, contre les expresses décisions de droit, quand elle luy permet de rendre la pareille à son ennemy. Elle suppose une chose moralement impossible en un offensé, de dire qu'il agira avec tant de moderation, que ses ressentimens n'excederont point l'injure qu'il a reçûë. Car l'estime qu'il a de luy-même, de ce que ses qualitez meritent de

Leg. 10. *ff. de Jurif. & toto titul. C. Nemo in sua causa.*

respect, de ce que ses bons offices passez luy faisoient esperer de reconnoissances, & mille autres particulieres considerations, grossissent tellement l'injure, qu'elles la font passer à la rigueur pour irremissible, & comme si la reparation qu'il en prétend, n'étoit qu'un acte de misericorde, mêlé d'une prudence qui veut empêcher pour l'avenir semblables excez. Si celui qui a le premier fait l'injure, peut être sans mauvais dessein, par surprise, & qu'au reste il estime fort legere, se voyant pour un si petit sujet accablé d'outrages, s'irrite & fait dessein d'en tirer raison par des vangeances égales à la grandeur de ses sentimens, les injures de part & d'autre se multiplieront comme à l'infini, ainsi les haines irreconciliables, tous les jours nourries par de nouvelles offenses, troubleront la societé des hommes, la paix des familles, la tranquillité de la vie, le salut des ames.

La loy Chrêtiénne a ses maximes de charité directement opposées à cette funeste opinon. Car si J. C. ne nous permet pas de voir coucher le Soleil, devant qu'avoir éteint dans nôtre cœur le ressentiment d'une injure qu'on aura reçûë ; s'il ne nous permet pas de luy demander pardon de nos offenses, devant que l'avoir donné à ceux dont nous sommes offensez, c'est renoncer à sa misericorde de ne le point faire à nôtre prochain, & tourner contre nous-mêmes les pernicieux effets de nos mauvaises volontez, peut être inefficaces & impuissantes sur nos ennemis. L'Apôtre nous dit : Mes amis, ne soyez pas sages par vôtre propre prudence, ne croyez pas vos sentimens, s'ils vous portent à rendre le mal pour le mal,

Rom. 12.17.

donnez

donnez ce contentement de vôtre conscience de faire le bien, qui conserve son integrité, qui édifie le prochain, qui rende à Dieu ce qu'il vous demande de respect, qui remette vos interests entre ses mains souverainement justes & puissantes ; faites le bien qu'il vous commande, & luy laissez la justice qu'il vous deffend. Secourez vôtre ennemi dans ses plus pressantes necessitez ; s'il a faim, donnez luy de la nourriture & à boire s'il a soif. Vos bons offices seront comme des charbons ardens sur sa tête, qui l'a luy feront baisser de honte & de confusion, de voir que vôtre bonté aura vaincu sa malice, & que vous luy ôtez une gloire qu'il avoit dû meriter. Le Prophete Roy se soûmet à n'emporter aucun avantage sur ses ennemis, s'il ne les a premierement vaincus en bonté, en leur rendant le bien pour le mal.

« Si reddidi tribuétibus mihi mala. Ps. 7. 5.

Voulez-vous donc tirer une celebre vangeance de vos ennemis, faites mourir en eux cette qualité, & en vous le ressentiment de leurs injures. Mordre parce que l'on est mordu, c'est combattre comme les chiens ; si vous vous sentez offensé, tenez pour certain, que c'est une marque de vôtre foiblesse, que vôtre ame est d'elle-même ulcerée, puisqu'un si petit attouchement luy cause de la douleur ; Guérissez-vous donc de ce mal secret, & puis vous ne serez plus sensible aux paroles, aux gestes, aux conduites moins obligeantes, que l'opinion fait passer pour des injures qu'il faut satisfaire par d'autres semblables. Ces paroles, ces postures de mépris, peuvent frapper vos oreilles & vos yeux, mais c'est vous-même qui en portez le coup dans vôtre cœur, & qui leur donnez l'impression d'où naissent vos plaintes. Si vous pouvez gagner ce point sur vous-même, de ne mettre vôtre consolation, qu'en une sainte conduite qui vous rende agreable à Dieu, & en état de recevoir les graces qu'il vous presente, vous vous trouverez si fort audessus du monde, que ses orages ne porteront pas jusqu'à vous, & n'y étant pas sensible, vous trouverez beaucoup de plaisir sans peine, à faire le bien contre le mal. Le monde n'est pas encore si privé de jugement, ny dans des mœurs si forts corrompus, qu'il ne conserve une tres-haute, quoique secrete, estime de la vertu, & qu'il ne fasse une notable distinction d'entre ces esprits populaires qui se déchirent, qui se consumment l'un l'autre par des injures reciproques, & qu'audessus de ce bas étage, il n'admire, il ne respecte les grandes ames qui n'entrent point dans ces tumultes, ny dans ces combats, qui ne diminuent rien de la bonté qu'elles ont en propre, par malice opposée, dont elles ne font que tirer un plus grand luſtre; elles imitent Dieu qui permet à ſes créatures de rendre tous les jours ſervice aux impies, reſolus à l'offenſer par les blaſphêmes de leurs ſentimens, de leurs paroles & de leur vie. C'eſt donc une ſublimité de rendre le bien pour le mal, des faveurs pour des outrages, des loüanges & des benedictions pour des injures, de ſorte que celuy-là ſe ravalle & s'offenſe, qui rend la pareille à ſes ennemis.

DIX-HUITIE'ME OPINION.

L'eſprit eſt bas qui ſe contente des choſes communes.

Nous naiſſons avec des idées du bien ſi nettes, ſi certainés, que sans consulter, étant appliquées à tous les sujets qui se présentent à nos yeux ou à nôtre esprit, on reconnoît aussitôt ce qu'ils ont de perfection, ce qu'ils meritent d'estime ou de rebut. Nous voyons des lignes tirées avec tant de justesse par une main délicate, qu'elles ne blessent aucunement la rectitude de nôtrre rayon visuel, de sorte qu'en son étenduë, il ne remarque rien qui l'arrête, & qui en doive être corrigé, mais quand à la raison, elle est si relevée audessus des sens, qu'en tous les objets qu'on luy propose, si achevez qu'ils puissent être par les mains de la nature ou de l'art, elle y remarque toûjours le défaux de quelque perfection qui seroit à y desirer ; cela vient de ce qu'elle porte le caractere d'une souveraine bonté, qui est son premier principe & sa derniere fin ; son centre, hors lequel, quand elle feroit l'essay de toutes les créatures, elle ne sçauroit trouver son contentement ny son repos. Plus les ames sont élevées, plus toutes les choses d'icy bas, celles mêmes qui tiennent les peuples & les Princes dans l'admiration, leur semblent petites, vaines & ridicules, étant comparées à l'éminence, dont le premier Etre leur a donné le concept. S'il nous sert à ne pas faire une grande estime des choses exterieures que nous remarquons changeantes & défectueuses, il nous est util à rabattre la présomption que l'amour propre peut inspirer à quelques esprits, comme à relever les petits courages, s'ils laissent engourdir leurs forces, & s'arrêtent trop aux choses communes.

Cette langueur est assez rare dans le commerce du monde, où les necessitez de la vie obligent au travail, où les honneurs & les récompenses qu'on donne au merite, font naître en toutes sortes d'états une ardente émulation entre plusieurs concourans d'emporter le prix. Ainsi dans un grand bois de Chesnes, semé de gland, les arbres étant pressez, sans avoir la liberté d'étendre leurs branches, portent leur tronc droit en haut, & tâchent, dans cette foule, de se donner une éminence, sans laquelle ils ne seroient pas remarquables. Cela se voit dans les sciences, dans les arts & dans les divers emplois de la vie, qui tous aspirent à un point de perfection, d'où ils approchent les uns plus, les autres moins, selon la portée de leur industrie, en sorte qu'un seul est tenu pour le plus habile. Les prix que la Grece proposoit aux Jeux Olympiques à toutes sortes de combattans, les anneaux, les chaînes d'or, les couronnes, les statuës, enfin les triomphes que Rome décernoit aux victorieux ; les rares beautez & les illuftres alliances que les Scythes ne donnoient qu'aux plus vaillans de plufieurs qui les recherchoient ; les titres de nobleffe, de chevalerie, de dignitez, font encore en nôtre fiecle les moyens chez tous les peuples de l'Europe, qui favorifent l'inclination naturelle qu'ont les hommes de fe mettre dans une éminence, de fe tirer de la preffe & de la baffeffe que les défaux de perfection rendent commune.

Si la vertu prend la conduite de ces mouvemens, ils ne peuvent aller à l'excez, parce que cette divine habitude eft dans l'ame effenciellement une mediocrité, dit le Philofophe, elle rapporte à ce point toutes les faillies de l'efprit ; tous les efforts de la generofité, & fans paffer les termes de la raifon,

Ariftot. moral. Nicom. lib. 2. c. 6.

elle marque au moins la grandeur que l'on doit prétendre, quoiqu'il ne soit pas possible d'y arriver; comme le feu que nous tenons icy bas contraint de mourir ou de s'attacher à sa matiere, est dans une activité perpétuelle & pointe continuellement droit en haut, pour montrer où est son centre, & ce qu'il souffre d'inquiétude de ne pouvoir pas s'y reünir. Ainsi l'ame raisonnable & immortelle, jointe durant cette vie à un corps mortel, forme pour le moins de grands desirs de l'éminence, dont elle est originaire, & où le temps de son exil étant expiré, la doit reporter. On veut & on souhaitte plus de bien qu'on ne peut faire; l'Apôtre même aprés ses ravisse- *Rom. 7.* mens se plaint en cela de sa foiblesse, & de n'avoir icy que les esperances du bien que son amour voudroit posseder. Les *Divus* Saints agissent icy bas, comme *Dyonis.*

M v

les Anges dans le ciel, avec des contentions infatigables d'esprit pour s'avancer à tout moment de plus en plus dans les lumieres & les ardeurs divines, & se former par des actes differens & continuels d'amour à la ressemblance de celuy qui est en Dieu essenciel & infini.

de celesti Hierar. cap. 4.

O que ce desir d'éminence seroit à desirer dans le monde, s'il ne portoit les hommes qu'à la vertu; il seroit même tolerable, si sans s'arrêter aux interêts de l'amour propre, il s'employoit seulement pour ceux de son Eglise & de l'Etat. Certes comme la nature mêle le plaisir à toutes les actions necessaires à son entretien, la police se sert avantageusement de l'honneur, qui est l'attrait & le charme des plus belles ames, pour les engager à son service. Le Magistrat donne toutes les attentions de son esprit au gouvernement du peuple, il y sacrifie son temps, ses études, ses libertez, ses plaisirs, les interêts même de famille ; celuy est assez de recompense d'être choisi d'entre plusieurs pour ce grand employ, & de s'en acquitter avec estime, quand la foule des personnes & des affaires vient recevoir la loy de sa bouche. Mais ces belles Charges, où le merite, la providence & la faveur élevent quelques personnes, sont en trop petit nombre, pour contenter l'ambition que la nature a rendu commune à tous : car qui dit l'éminence, dit le privilege d'une partie qui laisse toutes les autres sous soy, Dieu permet qu'en toutes les actions de la vie, l'un qui excelle, a sujet de se preferer à l'autre, & tous de se perfectionner par cette genereuse contention.

Les hommes font même passer les choses rares & nouvelles comme éminentes, parce qu'elles ne sont pas communes, qu'elles gagnent les yeux & les esprits & qu'elles y causent de l'admiration. Ainsi ceux qui ne peuvent pas aller jusqu'à la sublimité de la science, meublent leur memoire de toutes les opinions qui ont donné de l'exercice aux siécles passez, pour faire paroître qu'ils sçavent plus que le commun. Il semble que cela ne devroit être permis qu'à ceux qui sont dans l'Eglise pour resoudre les controverses, & qui ressemblent à l'air rendu souple comme il est, pour empécher le vuide dans toute l'étenduë de ce monde sublunaire ; il n'approche pas aussi seulement le ciel en sa partie superieure, pour en suivre le mouvement, mais il descend jusques dans les plus profondes concavitez de la terre en peine de s'y épaissir & de s'y corrompre parmy les vapeurs mortelles qui sont dans les mines, & qui nous caufent icy les peftes quand elles s'élevent jufqu'à nous. Il faut craindre que des efprits auffi vains qu'ils font curieux, enflez par la complaifance d'eux-mêmes, & par l'ardeur d'une paffion, de plufieurs erreurs depuis long-temps condamnées, n'en faffent naître une monftreufe fecte de mauvaife augure à l'Eglife & à l'Etat, & qui s'étant introduite à la faveur de fa nouveauté, ne peut être que fort difficilement étouffée.

Le deuxiéme Concile de Cologne, au Traitté qu'il fait *de l'Education des Enfans*, condamne comme des impofteurs les maîtres, qui fous prétexte d'enfeigner l'Encyclopedie des fciences, n'en donnent que quelques legeres teintures, fans folidité, & fans fondement, d'où cependant l'on voit naître des préfomptueux infupportables, qui condamnent tout ce qu'ils ignorent; des Medecins homicides qui traittent les maladies, dont ne sçachant ny les causes ny les remedes, mettent impunement les corps dans les langueurs ou dans le tombeau ; des Jurisconsultes sans loix & sans pratiques qui ne sont sçavans qu'à broüiller & confondre les affaires ; des hardis Theologiens, sources des nouveautez, des Schismes & des Heresies. Peut-on entendre sans rire ces petits esprits moins que demy-sçavans, qui accusent Aristote d'une grossiére ignorance, Ptolomée de s'être mépris & Euclyde d'avoir mis ses propositions en mauvais ordre : Ils tâchent de renverser toutes les maximes naturelles, d'où la foy Chrêtienne tire quelques probabilitez ; & pour l'affoiblir avancer sa ruine, ils sappent ce qui luy sert, comme ils s'imaginent, de fondement. Ils se tirent par ce moyen du commun, & par la reputation que la cabale leur donne, ils passent pour incomparables dans les sciences, quoiqu'ils n'en fassent que troubler les sources par des faussetez avantageuses au libertinage.

On voit dans le monde d'autres personnes, qui sans s'arrêter aux vaines curiositez de l'esprit, font gloire d'être singuliers en leur conduite, quoique directement contraire aux ordres de la nature. Ils voudroient que le Soleil n'eût de la lumiere que pour eux, & parce qu'il la rend commune au peuple, ils s'en servent le moins qu'ils peuvent & à regret. Quoique nous soyons en même pays, ils nous deviennent antipodes, quand de nôtre nuit ils s'en font le jour, par la lueur des flambeaux, qui parce qu'elle est achetée, leur semble plus belle. Ce temps que la nature ne destinq u'a ux oiseaux haïs des autres, aux bêtes feroces & de rapine, est celuy de leurs festins, de leur bals, de leurs joyes, de leurs desordes de leurs turpitudes, à qui les tenebres sont favorables. Les anciennes Republiques attachoient de grandes Charges pecuniaires, aux plus belles dignitez, afin d'éclaircir le nombre des concourans, & qu'il s'en trouvât peu qui voulussent acheter l'honneur à un si grand prix. Hé le moyen d'apporter aujourd'huy remede à ces vaines dissolutions qui s'enflamment par les dépenses qu'il y faut faire, comme si c'étoit se retirer davantage du commun, qui cherche le bien, que d'aimer & faire gloire de ces débauches, qu'il faut acheter par la perte du temps, du repos, des biens, de la santé du corps & de l'ame. Voilà comment la vanité se trompe elle-même, en trompant

Aristot. polit. l. 6. c. 7.

les autres, s'abbaisse & se ruine quand elle se pense élever au-dessus d'une conduite commune & moderée, où Dieu a mis nôtre perfection.

Sa providence nous a placez entre les deux extrêmitez qu'elle assigne, l'une aux lumieres, aux beautez, à l'innocence & à la gloire, l'autre aux tenebres, aux confusions & aux supplices; de sorte que le bien n'est point icy sans quelque défaux, le plaisir sans quelque douleur; quoique tous les siécles passez ayent travaillé pour nous instruire en ce qui regarde les commoditez de la vie, & les lumieres de l'esprit, & que nous ayons recueilli leurs enseignemens comme de tres-riches successions, les connoissances que nous avons par leur moyen des choses naturelles & divines, restent encore si troubles & avec si peu de certitude, qu'aprés tout ce que l'on a d'autoritez & d'experience, on doute si quelque chose se peut sçavoir infailliblement. Ces obscuritez viennent à ce que l'on dit, de ce que l'ame raisonnable est enfermée dans son corps, comme dans un cachot, dont les sens sont les geoliers peu fidelles en leurs rapports, parce qu'ils sont eux-mêmes trompez, & qu'ils ne s'arrêtent qu'à la surface des corps, sans en découvrir ny les qualitez ny les essences. Cependant il nous faut rendre des services continuels à ce foible associé ennemi de nôtre raison, en souffrir mille indignitez, dont il n'accorde ny dispense ny délais ; il faut donner presque toutes les attentions de l'esprit, afin de pourvoir à ses necessitez & à ses délices. Le ciel répand sur nous ses mauvaises, comme ses bonnes influences, ses grêles & ses frimats, comme ses pluyes & ses rosées. Le Soleil qui nous rejoüit de ses lumieres, nous brûle par ses chaleurs, nous engourdit nous gêle par son absence, & nous fait regulierement les saisons, dont il nous faut souffrir les injures avec ce qu'elles nous apportent de commoditez.

Dans le commerce du monde il faut acheter bien cherement la protection qu'on reçoit d'un Prince & de ses loix ; les secours qu'on se promet d'une societé civile, de la faveur, d'un ami, d'un plus puissant. Le mariage a plus d'épines que de roses, ses contentemens sont de peu de jours, ses charges pesantes, ses chaînes pour toute la vie.

Si elle se doit passer parmi ce mélange de biens & de maux, & que son destin consiste en une servitude inévitable, s'y promettre quelques exemptions & quelques éminences, elles seront semblables à celles d'un esclave de galere, qui a toûjours le fer au pied, & qu'on détache le long du jour pour en tirer des services jusqu'au soir, où l'on le remet à la chaîne. Dans l'inconstance des choses du monde, la liberté qui nous est permise, n'a pas une heure de certitude ; ce qui nous éleve nous menace, le privilege nous devient un crime, si le succez n'en est pas heureux. En tout cela le Sage ne laisse pas de trouver son contentement, parce qu'il n'a ny volontez ny desseins contraires aux ordres de la providence, il les prévient, il s'y resout par de tranquilles soûmissions, il suit gayement une force qui l'entraîneroit, s'il y faisoit de la resistance. Je suis homme, dit-il, & je ne refuse point de subir les conditions inséparables de ma nature ; elle est moyenne, elle est sujette, je n'entreprends point de la rendre plus sublime ny plus affranchie ; il n'y a point de reproche, mais c'est une espece de consolation de suivre des loix generales, dont les plus grands Princes ne sont pas exempts. Je ne puis pas arrêter la revolution des cieux, ny les mauvais aspects des infortunés, non plus que les vicissitudes du monde, mais je pliray sous leur violence, comme les arbres bien enracinez sous celle des vents, pour ne point rompre ; comme les vaisseaux qui abbattent leurs voiles & leurs mats, pour ne point perir. En ces rencontres c'est vaincre, de ceder, sans rien faire contre les ordres & les devoirs de la raison.

Supposé que ce soit une des conditions de nôtre nature de n'avoir icy que des connoissances imparfaites des sujets où se porte nôtre curiosité, je ne laisseray pas de cultiver mon esprit par les sciences qui luy sont permises, par l'étude des Philosophes, des saints Peres, des décisions de l'Eglise, & je ne m'abbandonnerai pas aux desordres de l'ignorance, quoique les plus rares objets ne se présentent à moy que sous le voile, & que je n'aye pas icy la plenitude des lumieres qui me sont promises au ciel. Un Rossignol qui n'a pas l'aîle assez forte pour prendre l'essort, ny l'œil assez vif pour soûtenir l'éclat du Soleil, comme l'Aigle, ne laisse pas de voler dans la circonference de son quartier, & dans son fort se complaire en l'harmonie de son chant, quand il ne seroit entendu que de ses oreilles. Si je n'ay pas toutes les lumieres des Cherubins, l'assiduité de l'étude, quoique sobre en ses objets, selon l'avis de l'Apôtre, me peut élever à quelque dégré d'éminence. Si mon genie ne s'y porte pas, je tâcherai d'en recompenser le défaux, comme Chrêtien, par les actes de charité, par ce feu divin, qui avec foy porte fa lumiere. Je crains d'offenser la majefté divine, & qu'elle ne me confonde fi je me penfois donner l'entrée dans tous les fecrets de fa providence. J'attendrai d'elle tout l'avenir, fans confulter les fciences trop curieufes & défenduës ; Je feray plus que fatisfait, fi je me puis avancer en celle des Saints.

Enfin, fi j'ay cette paffion naturelle de me tirer du commun, & de me rendre en cela recommandable, quand cela ne me feroit pas permis par les richeffes, par les fciences, par les delices, par les manieres de vie fingulieres & heteroclites, le monde qui fait gloire de paroître fi corrompu, me préfente des moyens faciles de m'élever audeffus de luy, & de me mettre en possession des vertus qu'il abandonne. Cependant que chacun cherche ses interêts je suis resolu de travailler pour ceux de l'Eglise & de l'Etat, & de satisfaire autant qu'il me sera possible aux œuvres de misericorde ; Je tâcherai d'être comme Job, le protecteur de l'innocence ; je l'arracherai des griffes & de la gueule du lion, qui pensoit en faire sa proye ; je seray l'œil de l'aveugle, le conseil de celuy qui n'en a point ; je le sauveray des piéges que la mauvaise foy luy avoit tendus, & de la ruine où elle l'alloit précipiter. Tous cherchent le plaisir des sens, dont je connois les vanitez, les perils & les supplices ; je serois bien perdu de jugement & ennemi de moy-même, si je ne suivois pas une vie contraire à ces dissolutions, une vie frugale, sainte, mortifiante, conforme me aux conseils de l'Evangile. Celuy qui prendra cette maniere de vie, qui sans craindre ny desirer les yeux des hommes, n'aura ses attentions qu'à Dieu, sera un ciel qui hautement publiera sa gloire, une lumiere qui éclairera parmy les tenebres, une éminence plus remarquable par la bassesse des lieux qui l'environnent, une conduite reguliere, dont le seul aspect censurera les abus du monde, & jettera dans les ames les sentimens de leur devoir.

Dix-neuvieme Opinion.

Il faut soûtenir le rang qu'on tient dans l'Etat, par les dépenses estimées honnêtes, quoiqu'incommodes.

Representez-vous un homme qui aprés avoir donné sa jeunesse aux études, à dessein de servir l'Eglise ou l'Etat, ensuite aux exercices de l'Academie, si sa naissance & l'occasion l'obligent à suivre les armes ; il considerera sérieusement ce qui se passe de bien ou de mal dans ces diverses conditions de la vie, devant qu'en faire le choix. En cette recherche il verra par tout des conduites si passionnées, si peu raisonnables, & ordinairement si vaines, qu'elles ne tiennent rien de la sagesse même des Philosophes, & qu'il faudroit quitter ce grand commerce du monde, pour vivre en Chrêtien. Mais comme cela n'est ny possible ny convenable, tant aux genies des particuliers, qu'au bien public, s'il ne veut pas que toute sa vie se passe dans les tenebres, il prendra des Emplois honnêtes, conformes à son humeur, resolu d'y faire tout ce qui sera de son devoir, sans neanmoins donner dans l'excez où s'emporte l'opinion. Elle est commune en chacun, de paroître aux yeux des autres avec des marques sensibles qui montrent le rang qu'il tient dans l'Etat, & qui le fasse prendre pour ce qu'il est selon son estime, par cette seconde, arbitraire & ambitieuse physionomie.

La police ordonnne avec beaucoup de sujet, que les personnes notables employées à son service, en portent les marques exterieures, comme les titres & les habits de leurs dignitez, afin que le peuple qui la voit & qui l'entend, leur rende ce qu'elles meritent de respect, & honore ainsi le Prince en ses Ministres. Chez les Romains, les Senateurs étoient distinguez du peuple par la robbe, l'Empereur par la pourpre, le Philosophe par le manteau ; En France l'Ecclesiastique par la soûtanne, par la modestie de l'habit, des cheveux,

& de la démarche ; l'Evêque par la croix d'or ; le Religieux par l'habit particulier de son Ordre; le Gentil-homme & le Soldat par l'épée ; le Chevalier de l'Ordre par le cordon bleu ; le Capitaine des Gardes par son bâton de commandement ; ainsi de toutes les belles Charges qu'on reconnoît au seul aspect des personnes qui en sont pourveuës.

Le sentiment de l'honneur devroit être satisfait de cette preuve auhentique de dignité que l'Etat luy donne, qui en est une montre & comme une proclamation publique. Il semble qu'aprés cela celuy qui aime la gloire n'a plus rien à souhaitter qu'une éminente vertu, d'où la Renommée prenne sujet de le publier : car chercher des ornemens exterieurs à la lumiere qui se découvre assez par elle-même, c'est l'obscurcir plutôt que de l'accroître, comme les couronnes qui nous paroissent au tour de la Lune & des Etoiles, sont des vapeurs qui les couvrent & qui leur dérobent ce qu'elles nous montrent de lueur. Neanmoins on vit aujourd'huy dans cette opinion qu'un homme avancé dans les grandes dignitez, qui en tient le rang, qui en prend le nom, qui en porte les marques illustres & publiques, ne les soûtient pas avec la splendeur qu'il doit, s'il n'y fait de grandes dépenses ; c'est-à-dire, si le Palais, l'habit, la table, la suite, le divertissement, & tout l'équipage n'a de la proportion avec la dignité, & si pour une éminence, qui cause ordinairement de l'envie, il ne se condamne à ces grands frais, qui au sentiment du peuple en font la peine.

Cét homme né peut-être d'une mediocre famille, qui n'a

pas de grandes richesses ny par succession ny par son travail, est surpris de se voir dans une éminente Charge, dont jamais il n'a conçû ny les desirs ny les esperances ; il sent veritablement en soy assez de lumieres & assez de force pour s'en acquitter avec le bon succez que le bien public peut demander dans la conjoncture des affaires, mais non pas avec tout l'éclat qu'une personne plus noble & plus riche y apporteroit. Cette magnificence donne veritablement beaucoup de lustre & de credit à la dignité. Et comme Pline remarque que la terre deveint plus fertile quand elle se sentit cultivée par des mains accoûtumées aux triomphes & aux sceptres, sans doute les Charges reçoivent plus d'honneur qu'elles n'en donnent par les illustres qualitez des personnes qui les exercent. Cela est tres-confiderable ; neanmoins ne faut-il point craindre que cette grande élevation de ceux qui gouvernent, n'abbaiſſe par trop le peuple, qu'elle n'irrite ſa liberté, quand elle l'opprime & quand elle laiſſe ſi peu d'étenduë à la chaîne qui l'attache ? Ne faut-il point craindre que ce triomphe comme perpetuel d'un ſujet n'excite l'envie de ſes Collegues, la jalouſie des Puiſſances, qui ne ſe feront pas moins paroître à l'abbatre qu'à l'élever, ſur tout ſi elles y trouvent leurs interêts, & qu'une voix publique les y anime par ſes acclamations. La veritable prudence civile eſt comme le cerveau ſans graiſſe, plein ſeulement d'eſprits trop ardens, d'une trop vive & continuelle activité pour ſouffrir des ſuperfluitez incommodes, engendrées de froid. Le propre effet de ces eſprits dans un corps moral, eſt de répandre en tout ce qu'il a de parties, des forces & de la vigueur, au lieu d'amasser des biens de fortune, qui sont la matiere d'une corruption universelle.

Le Sage qui est donc tout esprit, qui voit clair dans les affaires, sans être veu, y sera plus propre que les autres, parce qu'il est moins materiel, sans faste, sans présomption, comme un bon genie qui n'est entendu que de celuy qu'il aide de son conseil. Les lumieres & les chaleurs du Soleil sont veritablement necessaires à la terre, mais la vie & les plus nobles qualitez des choses inferieures dépendent bien plus de ses influences invisibles qu'il nous donne continuellement, la nuit même lorsqu'il paroît éloigné de nôtre horizon. La magnificence d'un Prince se fait assez voir par une Cour florissante, par un grand nombre de Favoris & de Conseillers tous grands Seigneurs; mais n'en peut-il pas avoir quelques-uns cachez, dont l'apparente pauvreté serve au secret des affaires, & qui découvrent mieux les perils, s'ils entrent dans toutes sortes de conversations, comme des particuliers indifferens.

Supposé que ce Conseiller, que ce Gentil-homme pauvre & sage, ne soit point dans les secretes intelligences du Prince, & que la seule consideration de ses merites l'ait élevé à de grandes Charges, les quittera-t-il sous prétexte qu'il n'a pas assez de bien pour soûtenir les dépenses que l'opinion fait passer pour d'inévitables necessitez? ou sera-t-il contraint d'avoir par emprunt & par les autres moyens, ce qu'il ne doit pas attendre de son revenu? La donation est un des moyens legitimes d'acquerir du bien as- §. 1. *Inst. de donat.*

sez rare dans un siécle, où les cupiditez insatiables d'avoir, rendent un homme pauvre dans l'abondance ; neanmoins il se peut trouver quelqu'un assez genereux pour offrir une partie de son bien à celuy dont la vertu a besoin de ce secours, afin de se produire, ainsi donner moins à la personne, qu'à l'Etat auquel elle se consacre. On demande si cét homme de Conseil & de Commandement doit selon les regles de la vertu recevoir des offres si liberales pour soûtenir de grands Emplois avec éclat, & des dépenses estimées honnétes & des plus moderées : Un Philosophe y trouveroit de la difficulté, quoique la personne qui luy fait ses offres, eût des qualitez exemptes de tout soubçon, si obligeantes & si recommandables qu'en une pareille rencontre, elle meriteroit de recevoir ce qu'à present elle veut donner ; si ce Sage quitte les les biens quand il les possede, pour être plus libre en sa contemplation, il ne les recevra pas d'un autre, afin de s'engager dans des charges qui ne partagent pas seulement l'esprit, mais qui le demandent tout entier, & qui le divertissent de ses plus douces & plus cheres occupations. Il est extrêmement jaloux de sa liberté qu'il conserve indépendante des créatures, des Astres mêmes & du destin, sujette seulement à Dieu. Il ne l'assujettira donc pas à un bien facteur, jusqu'à luy rester obligé, si ce n'étoit pour en recevoir plus de lumieres & plus de sagesse, mais non pas pour des Emplois qui sont, à vray dire, des servitudes d'autant plus cruelles & moins supportables, qu'elles sont publiques, & que sa dette seroit contractée pour entretenir ce qu'elles ont de vanité. Socrate refusa genereusement les presens que le Roy Archelaus & Alcibiades luy presenterent, car si c'étoit une marque de leur puissance de les luy offrir, il crut que la sienne n'étoit pas moindre de les refuser, & de ne leur permettre pas sur luy cét avantage de l'avoir pour obligé. Enfin Jesus-Christ nôtre grand maître, nous a fait cette leçon : Qu'il est meilleur de donner que de recevoir, parce qu'en recevant on se met dans la dépendance, dans une espece de necessité de faire ce qu'on ne voudroit pas contre la raison, ou de passer pour ingrat. On perd le droit qu'on avoit de prévenir une personne, & de gagner ses affections par les bienfaits, car depuis qu'on les a reçûs ce que l'on peut faire ensuite n'est plus qu'une gratitude & le payement d'une dette non pas une pure & simple fa-

Vicit opes animo.

veur. C'est pourquoy les donations doivent être acceptées & insinuées, car selon la Loy on ne peut pas contraindre une personne à recevoir un bienfait, parce qu'il engage sa liberté, & qu'il l'a charge d'une obligation ; elle est à craindre pour tout homme qui ne se veut point assujettir, mais sur tout en celuy qui doit rendre la justice avec une parfaite indifference, & qui pour cela renonce aux droits de l'amitié, du sang & de la nature ; de sorte que recevoir des presens, c'est se rendre infame & abominable. Aprés tout ce qu'on peut avoir de plus pures intentions le cœur ne se peut défendre d'avoir plus d'amour pour celuy dont on a reçû quelque bienfait, & ces inclinations ont des effets insensibles qui ne s'accordent pas toûjours avec les loix de la conscience, & avec celles que pres-

Leg. 69. ff. de reg. cur.

Leg. 6. & 7. ff. de Leg. Jul. repetu.

Leg. 18. Cod. de his qui not. infam.

crit le Prince de rendre à tous la justice sans acception de personne. Or si ce sage Officier, dont la famille est incommodée, fait difficulté de recevoir les pures & franches liberalitez qu'on luy offre pour soûtenir les frais de sa dignité ; il sera beaucoup moins en état de recourir aux emprunts qui ne se font guere sans interêt, & qui lors même le chargeroient d'une plus grande obligation, & d'un Juge en feroient un suppliant, en tous les termes, qui en sa memoire luy feroient des reproches & des exploits.

En ces fâcheuses extrêmitez, enfin quelle resolution peut prendre celuy qui se voit dans une grande Charge avec beaucoup de merites & peu de biens pour en soûtenir les dépenses, si elles luy sont non seulement incommodes, mais impossibles ? Il ne quittera pas le principal, pour un accessoire de fortune & d'opinion. Ce qui luy peut arriver de pis, c'est de paroître le plus pauvre de sa compagnie, mais avec cét avantage, que l'indigence qui abbat les petites ames, fortifiera la sienne dans une invincible integrité, suivie d'une illustre reputation, qui de loin fera mourir toutes les mauvaises volontez qu'on pourroit avoir de la corrompre ; quand il n'aura qu'une simple maison bourgeoise, sans appareil, sans ornemens pour logis, que trois ou quatre personnes feront toute sa famille, que son carosse souvent démonté, l'obligera d'aller à pied par les ruës ; son merite qui paroîtera lors à nud, sera consideré de tous les gens de bien avec une plus grande veneration, il sera singulier & plus admirable en son espece, & possedera par un ordre secret du ciel, ce que les Anciens grands personnages affecterent comme une éminence d'honneur, la pauvreté dans les grandes Charges, qui sont aux autres l'occasion des grandes richesses. Leur coûtume étoit aprés avoir gagné de grandes batailles, de distribuer le petit butin aux soldats, les grandes dépoüilles à l'épargne de la Republique, sans se reserver pour soy que l'honneur de la victoire. Caton se gouverna de la sorte, ayant conquis presque toute l'Espagne, Themistocles, Paulus Æmilius aprés la déroute de Xerxes. Cela fut cause qu'exposant avec leur vie ce peu qu'ils avoient de biens aux frais de la guerre, ils mouroient si pauvres, que leurs successions n'ayant pas dequoy fournir aux frais de leurs funerailles, à l'éducation de leurs enfans, à doter leurs filles; la Republique prenoit sur elle ces charges, aprés avoir receüilli les fruits de ces vies si glorieuses & si triomphantes.

N'est-ce pas assez qu'un homme plein de zele pour le service de sa patrie, luy donne son temps, ses études, ses industries, ses travaux & tout ce qui est en sa disposition ? Ne suffit-il pas qu'il laisse à la posterité les exemples d'une vertu genereuse & parfaitement desinteressée, tres-rare en un siécle, où chacun agit pour ses interêts, sans l'obliger à paroître aux yeux du peuple avec une magnificence qui blesse ses inclinations, qui offense sa frugalité, qui arrête le progrez de sa vertu, qui éteint la gloire de sa renommée, enfin qui ne s'accordant pas avec les petits revenus de sa famille, cela luy seroit insupportable, si pour l'entretenir il luy falloit devenir le suppliant de ses bienfacteurs ou de ses creanciers, à qui il doit commander & reprendre s'ils le meritent ?

Vingtieme Opinion.

Les grandes fortunes ne sont qu'avec les Grands.

Les felicitez exterieures & sensibles de la vie, sont les objets que les hommes regardent avec plus d'admiration en ceux qui les possedent, & qu'ils desirent aussi avec toute l'étenduë de leur cœur, comme si elles faisoient leur souverain bien. Or comme les yeux qui languissent dans les tenebres, se tournent avec plaisir vers la lumiere, & en recherchent la cause si-tôt qu'elle éclate ; comme les fontaines qui font rouler quelques grains d'or dans leurs ruisseaux, donnent sujet à l'avarice de remonter jusqu'à la source, pour découvrir la mine de ce précieux métail, où elles prennent leurs cours ; ainsi les hommes ravis de voir quelques rayons de felicité dans ceux qui auparavant trempoient dans le commerce du petit peuple, sont curieux de sçavoir d'où elle leur vient, sans en rechercher les causes plus eloignées dans les Astres, dans ce qu'on appelle la bonne fortune, où dans la providence divine, ils se figurent qu'il leur suffit de suivre les routes que ces personnes si-tôt avancées ont tenuës, pour reüssir à la même fin. On ne pesche les grandes Baleines que dans l'Occean ; les longues navigations qu'on entreprend sur les mers, causent des profits incomparablement plus considerables que celles qui se font sur les Rivieres, & on voit par experience qu'on ne fait aujourd'hui de grandes fortunes qu'avec les Grands, qu'on n'acquiert des biens, du credit, de la reputation, & qu'on ne se rend illustre, qu'en approchant les grandes lumieres de l'Etat.

En effet l'esprit s'éleve, se perfectionne, se polit, & devient universel dans les Emplois qu'il trouve à servir les Princes: car les celebres Familles, les Provinces & les Couronnes s'entretiennent par de notables interêts qu'il faut sçavoir dès leur origine, avec ce que les siécles y ont apporté de changement. Là les sciences des Loix, des Coûtumes, des Gouvernemens, des Maximes generales & de leurs exceptions donnent sujet au Ministre d'en faire des études particulieres, qui s'étant multipliées dans les rencontres de divers sujets, forment enfin un jugement net & décisif de toute matiere. Sans cette grande capacité on peut rendre aux Grands des services de moindre travail, qui ne laissent pas d'avoir des suites tres-avantageuses, par de bons avis, par des mines éventées, par des paroles dites bien à propos qui calment de grandes tempêtes, & qui r'allument des affections refroidies. Ces bons offices supposent une affection veillante & comme en sentinelle pour le bien du maître, de sorte que c'est son interêt de la conserver & l'entretenir, parce qu'elle merite des reconnoissances. Depuis qu'un Secretaire ou qu'un Gentil-homme s'est acquis l'estime d'avoir l'oreille de son Prince, & quelque part en ses desseins, les grands & les petits, les domestiques & les étrangers luy font une petite cour, avec tant de respect & de déference, qu'il craint que l'excez n'attire sur luy de la jalousie; s'il oblige quelqu'un d'une faveur, il est assûré d'en recevoir des presens avec tout ce qui se peut d'adresse pour le surprendre &

prévenir ses refus. En toute rencontre chacun s'efforce d'honorer le Prince en une personne qu'on sçait luy être chere, & dont il veut le profit, quand il n'y met point d'empêchement. Ce Ministre, ce Favori, dont les fidelitez sont connuës, n'a pas seulement part à la grandeur de son Maître, mais il en dispose, & sans en avoir les titres, il en reçoit les honneurs, les commoditez, les voyes & les contentemens, sans en courrir les fortunes ny les hazards.

Ce qui est de plus considerable, c'est que les affections qu'on a pour un domestique passent à ses enfans, & que ces faveurs deviennent ordinairement héréditaires, parce que les anciens Officiers laissent leurs familles avantagées des biens-faits qu'ils auront reçû d'un Grand; elles sont ainsi tenuës à luy continuer leurs fidelitez, avec moins de cérémonies, mais ordinairement avec plus de courage & de sincerité qu'un vassal n'en a pour son Seigneur. Et puis ce Prince prend plus de confiance avec des personnes qu'il a vû croître avec luy, dont il connoît les noms, les visages & les mœurs, & met sans crainte ses affaires entre des mains, dont ses majeurs sont les cautions ; il semble qu'il ne se puisse ajoûter à ces honneurs & à ces profits, que le plaisir si ordinaire dans les grandes maisons, qu'ils passeroient en dégoût, si la complaisance qu'ont les domestiques pour le maître qui les veut, ne leur y faisoit trouver tous les jours de nouveaux charmes ; les bâtimens, les jardinages, les compagnies, les festins, les jeux, les chasses & les danses, semblent être principalement pour les domestiques qui en sont les spectateurs & les juges, quand les maîtres en font les frais & les personnages. Il ne faut donc pas s'étonner, si l'honneur joint aux utilitez & aux plaisirs, si ces trois considerations, dont une seule est capable de gagner les cœurs, étant jointes, portent puissament les personnes d'un état moyen à servir les Grands, pour y trouver l'accomplissement de leurs desirs.

Neanmoins les Sages trouvent que la vie qui se passe dans les Cours, dans le service & la familiarité des Puissances, n'est pas seulement mêlée de peines & d'épines dans les roses, comme toutes les conditions d'icy bas, mais qu'il y a beaucoup plus de mal que de bien. La premiere chose qu'il y faut perdre, c'est la liberté que la nature nous rend aussi précieuse que la vie. Là il ne faut avoir de l'action, des gestes, & des postures

res qu'au gré d'un autre, veiller, dormir, parler & se taire, être en repos & en mouvement comme il luy plaist, & si les pensées ne s'accordent pas toûjours à ses desseins les déguiser & les y rendre conformes par les belles apparences de la flaterie. Quelle honteuse servitude de n'être jamais sincere en ses sentimens, ny veritable en ses paroles; d'être toûjours prêt à mépriser les vertus & loüer les vices; d'être à gage pour servir en toutes rencontres de faux témoin devant des yeux & des esprits parfaitement éclairez, à qui ce crime ne se peut cacher. Cependant la principale disposition qu'il faut avoir pour gagner l'estime des Grands, c'est de ne rien dire ny faire qui blesse le moins que ce soit leur inclination, de justifier leurs emportemens, de les pousser, où il seroit necessaire de les retenir. Les objets qui les possedent, n'occupent pas tellement leur raison, qu'ils ne remarquent bien les flateries ; & ces complaisances qu'ils ont coutume de recevoir avec un sous-ris, montrent qu'ils n'en sont pas si persuadez, qu'ils ne jugent telles personnes qui les traitent de la sorte fort interessées, ils voyent bien que ce sont des ames basses, serviles, & venales. Ils sont persuadez qu'un domestique ne cherche que ses propres interêts, toûjours avide & caressant comme un chien pour recevoir le morceau qu'on luy jettera ; ce maître ne donnera pas aussi de veritables affections, pour celles qu'il sçait être feintes trop basses à son égard, & sujettes à prendre sur luy. Il s'en fie donc, il se défend de ces ruzes, & s'ils cherchent leurs interêts, il sçait bien prendre les siens. L'amitié n'étant donc point vraye en ce commerce de service & de recompense, il ne faut pas s'étonner s'il n'y a rien de solide ny d'asluré, & si les plus beaux jours y sont menacez d'orages ; vous pensez faire de grands profits avec les Grands, comme sur la mer, mais avec la même condition que vous en souffrirez les inconstances, les tempestes, les debris, les naufrages, où les biens acquis par un long travail, sont renversez par un coup de vent dans les abysmes ; assez heureux dans cette infortune si l'on en sauve sa vie. Sur l'Ocean vous courez la fortune du vaisseau qui vous y porte ; & dans le monde vous êtes sujet aux disgraces dont le Grand qui vous tient à son service se trouve accueilli. Ordinairement il vous expose dans les grands perils pour s'en retirer, il se couvre de vôtre personne, comme fait un Turc de son esclave, pour ne point recevoir le coup qui vous abbat. Perissez, cela le touche fort peu, pourveu qu'il se sauve. C'est l'ordre de la nature que le bras se presente à recevoir le coup de taille qui alloit fendre la teste. La Justice méme s'employe autant qu'elle peut à rejetter le crime d'un Prince sur son Ministre, sur son Gentilhomme, comme s'ils n'étoient pas obligez de donner leurs vies pour sa défense dans cette occasion, aussi bien que dans un combat.

Les perils plus ordinaires regardent les biens qui cependant ont été la fin principale de vos services. Si les trop grandes dépenses, si les procez, si les querelles, si les disgraces de la Cour ont épuisé les revenus & le fond de vôtre illustre famille, elle aura recours au Tresorier ou Maître d'Hôtel, aux principaux Officiers; & on leur demandera par emprunt les biens qu'ils avoient legitimement acquis, & on les demandera avec si peu d'assurance & de recours qu'ils les mettront au rang des choses perduës. Ce traitement est plus supportable, que quand une rigoureuse récherche leur fait un crime de leur bien, & qu'il le faut abandonner pour sauver sa vie, selon l'apologie, qui dit, qu'une souris s'étant glissée par un petit trou dans un garde-manger où elle s'étoit engraissée, n'en peût sortir que quand faute de nourriture, la faim l'eust réduit en l'estat maigre & décharné auquel elle étoit quand elle y entra. Ce n'est pas vraiment posseder de tenir ce qu'on est obligé de rendre. Comme le poil couvre & défend le corps d'où il est produit ; comme les fruits pendans par les racines sont partie du fonds qui les porte ; les biens des domestiques semblent hypotheques à la maison où ils se sont acquis, & l'on croit juste que les domestiques en partagent les mauvaises comme les bonnes for-

l. 4 & 13. ff. de r.g. Iur.

tunes. On voit chez les Grands les pratiques que Diogene remarque chez Denys Prince de Syracuse, qui se servoit de ses Officiers comme de vases qu'il vuidoit s'ils étoient pleins, & qu'il ne pouvoit souffrir auprés de luy s'ils étoient vuides.

Quand à l'esprit, il est vrai qu'il se polit dans les affaires des Grands, sans repos comme le fer qui est toûjours à la main. Il est vrai que dans ces emplois il acquiert des amplitudes qu'il n'auroit pas en d'autres d'une moindre consequence ; mais cette capacité ne s'étend qu'à des genealogies, des alliances, des titres, des possessions en choses materielles purement de fait, que Platon faisoit gloire d'ignorer, & qu'il eût effacé de sa memoire si elles y fussent entrées : car une belle ame ne trouve ses satisfactions qu'en des veritez sublimes, universelles & éternelles.

Plato. in Theuteto.

Si vôtre genie vous donne quelques lumieres, ou que vous les empruntiez de l'étude, vous les ravalez beaucoup de les appliquer aux interêts d'une famille étrangere, vous les condamnez à une eclypse perpetuelle de les joindre à celles de vôtre Maître que vous devez considerer comme un Soleil qui les couvrira, de sorte que si vous reüssissez en quelque negotiation d'effet, de parole ou par écrit, il faut luy en rendre toute la gloire, à moins de l'irriter contre vous par une jalousie sans misericorde. Je plains un homme de bon esprit, s'il devient esclave d'un Prince qui l'applique à ses idées, à ses fantaisies, quelquesfois extravagantes, à ses passions, souvent perilleuses & criminelles. S'il est Philosophe, il méprise tout ce qu'on luy promet de recompense pour ses bassesses ; s'il est Chrétien il ne perdra pas son ame pour tous les tresors de la terre. C'est une dure condition pour les fontaines & pour les rivieres de ne pouvoir aller à leur centre sans se confondre dans la mer, & pour la douceur de leurs eaux & de leur cours, souffrir ses insupportables amertumes & ses horribles agitations.

Le ciel est le centre des belles ames, où elles se portent avec d'autant plus de facilité qu'elles se dégagent davantage des negoces, des impuretez, & des tumultes de la terre; c'est aussi de cet éloignement que la sainteté de Dieu, modelle de celle des Anges & de la nôtre, a receu son nom.

Considerez les divertissemens de la Cour, du jeu, de la chasse, des comedies, des bals, des festins, se sont tous emplois d'hommes vagabons qui n'en trouvent point chez eux : car c'est le lieu seul de tous où ils font estat de ne point entrer ; eſtant incapables des ſolides contentemens que reçoit l'eſprit en la contemplation de la nature & de Dieu, du temps & de l'éternité, ils s'en forgent d'imaginaires. Ces paſſe-temps ne ſont agréables qu'à ceux qui les veulent, & qui les aiment comme leurs ouvrages : Quand aux domeſtiques ce ſont pour eux des contraintes, des ſervitudes, des ſoins, des fatigues, dont ils ſe déchargent autant qu'ils peuvent, pour joüir un peu du repos. Mais comment le trouver dans les grandes maiſons, parmy les jalouſies, les caballes, des Officiers, les ligues des anciens contre les nouveaux, les nouveaux pour reformer les abus des anciens ? Hé comment trouver quelque paix entre des domeſtiques, que le Maître meſme entretient dans de mauvaiſes intelligences, pour en empeſcher les conjurations, & que par le moyen de tant d'yeux, de tant d'esprits, tous occupez à reconnoître ce qui se passe, il soit pleinement instruit des desordres où son autorité doit donner remede? Un homme de bien souffre trop de passer sa vie parmi ces intrigues, ces défiances & ces calomnies ; il n'en veut être ny le sujet, ny l'organe, ny le témoin ; il se contente de peu d'éclat que ses propres qualitez luy donnent, sans penser l'accroître par un plus grand qui l'obscurcit & le couvre : Il ne hazardera pas la paix & la tranquillité de son ame, & les pretieuses libertez de son esprit pour les belles esperances que les Grands du monde luy donnent, s'il se veut engager à les servir ; pour des biens dont il n'aura jamais une tranquille disposition ; pour des joyes qui ne luy sont que des fatigues à travailler pour un autre. Jamais l'ambition ne fut plus justement punie que par cette volontaire servitude, qui devient une espece de necessité tres-perilleuse sous un Grand, depuis qu'on est entré dans ses secrets.

O! si les penibles, les honteuses, souvent criminelles sujetions qu'il luy faut rendre, en détrompoient l'homme, & luy faisoient voir que servir Dieu c'est regner, parce que les approches du souverain bien nous mettent dans une éminence d'où les plus grandes choses du monde nous semblent petites; cette élevation nous donneroit un empire, premierement sur nos passions, que le respect de la Majesté divine tient abatuës comme mortes, & puis sur celles des autres, pour n'en être plus offensez, mais pour en faire les grands sujets de nos merites & de nôtre gloire.

XXI. OPINION.

Les amitiez se gagnent par la ressemblance, autant des vices que des vertus.

DEs quatre élemens dont le monde & les mixtes sont composez, deux nous sont à tout moment necessaires, l'air qui nous rafraîchit par sa respiration, & la terre qui nous soûtient par sa fermeté, car on n'a pas toûjours besoin de l'eau ny du feu. Ainsi des vertus avantageuses à la conduite de nôtre vie, deux nous sont d'un usage continuel, l'amitié civile & la charité chrêtienne. Ce n'est qu'un amour qui nous porte à l'union de nos semblables, mais par deux motifs differens, l'un naturel, l'autre divin, qui fait l'apotheose de son frere par une parfaite charité, où toutes les vertus sont comprises, qui ne finira jamais, & qui éclatte mêmes dans les splendeurs de la gloire où toutes les autres sont éclypsées. C'est donc avec beaucoup de sujet que l'opinion populaire devient ici raisonnable en ce point, que l'amitié est à souhaiter, comme étant conforme à l'inclination que la Providence divine nous en donne, afin que ce nous soit un motif de faire largesse des graces particulieres que nous en avons receuës, & de recevoir par une bonté reciproque celles qui nous manquent. En quelque état de felicitez ou de disgraces que se trouve l'homme, l'amitié luy est un fort pour sa défense & ses seuretez, la charité luy est une demeure de paix, un commencement de beatitude, un exercice rapportant à celuy des Anges, toûjours occupez à verser sur nous les lumieres & les ardeurs de l'amour divin. Quand toutes les affaires auroient un succez autant heureux qu'on le pourroit souhaiter, un homme de bien n'y trouvera pas une entiere satisfaction s'il n'a un second soi-même qui soit l'objet de son amour, qu'il puisse faire participant de ses commoditez & de ses joyes, afin qu'elles se multiplient en les donnant, & qu'elles reviennent sur luy plus douces & plus ravissantes par reflexion quand il se sentira aimé comme il aime. En cette surabondance de biens & de joye, il a besoin de conseil pour n'y point passer les termes de la mediocrité, pour prévenir les coups de l'envie, pour gagner les affections, & de tant de biens en donner une partie pour assurer la joüissance de l'autre. Que si les maladies abbattent le corps, si la mauvaise foy trouble le repos d'une famille par une querelle ou par un procez, si une force majeure enleve les biens, si ce liberal auparavant toûjours prêt à donner secours, est reduit à le demander, c'est où l'amitié devient necessaire, & que dans la perte de toutes les autres choses exterieures le Sage trouve sa consolation, s'il luy reste un fidel amy. C'est donc un tresor, le plus chere & le plus precieux de toutes les possessions qu'on doit rechercher & entretenir avec tous les soins possibles : C'est une image vivante de la bonté divine, où sa majesté nous permet d'avoir recours dans les necessitez de la vie, comme les anciens Empereurs vouloient que le miserable trouvât sa protection auprés de leurs images qu'ils envoyoient par les villes, & receut la même grace qu'il pourroit esperer de leurs personnes si elles étoient presentes. Mais d'où nous peut venir cette amitié.

Sans doute la ressemblance est un moyen dont la nature se sert ordinairement pour faire les unions, parce qu'elle est un vestige de l'unité indivisible en soy & distincte de toutes les autres; toutes les lignes qui se terminent par un point semblable, ne sont plus qu'un point quand elles se rencontrent en leurs centres : C'est ainsi que la charité divine est la chaisne d'or qui lie toutes les Hierarchies celestes, sans qu'elles perdent la distinction de leurs ordres ou de leurs emplois, comme les lumieres de plusieurs flambeaux posez en divers lieux se joignent & se penetrent tres-intimement, quoy qu'elles jettent leurs ombres diverses, rapportantes à la situation de leurs principes. Les élemens doivent être contraires, dit Aristote, pour être les principes de la composition & de l'action des choses inferieures, chacun a deux differentes qualitez, comme deux mains qui étenduës cherchent leurs semblables pour s'y unir. Le feu tient à la la terre par sa seicheresse, la terre à l'eau par sa froideur, l'eau à l'air par son humidité, l'air au feu par sa chaleur. Voila ce qui remplit tout l'espace sublunaire, sans y permettre de vuide. De ces grands corps qui se tiennent ainsi à leurs semblables, il s'en fait comme une danse en rond, perpetuelle, infatigable, toûjours petillante dans l'étenduë de leur globe, quoy que quelques particules en échappent pour fournir aux nouvelles generations. La ressemblance fait que les individus d'une même espece se reconnoissent & s'entr'aiment, elle assemble les bestes de compagnie, joint deux bois également polis, de sorte qu'on a peine de les desunir : Les Arts font les merveilles qu'on nomme magie par l'union de quelques sujets simpathiques qui joignent & mêlent leurs forces à la faveur de la ressemblance, dont on dit que le ciel est l'origine, comme des amitiez qui en sont produites. Mais de dire que l'une & l'autre se puisse acquerir autant par les vices que par les vertus, par le mal que par le bien, c'est où l'opinion, qui est le sujet de ce discours, fait une faute notable.

Il n'appartient qu'à la charité qui comprend toutes les vertus, d'établir entre les hommes des affections solides, constantes, telles qu'elles furent entre les premiers Chrétiens, qui n'avoient entre eux qu'un cœur & qu'une ame. Les Saints s'aiment, parce qu'ils se connoissent sinceres, qu'ils ne pretendent que de s'avancer à la perfection par leurs conseils & par leurs exemples ; ils voyent leurs vertus particulieres avec une extrême complaisance sans jalousie, par ce qu'elles sont un accomplissement de leurs desirs, & des effets dont en commun, ils se peuvent dire les causes. L'aymant n'attire point à soy l'aymant, mais le fer qu'il enrichit de sa qualité; le feu n'agit pas sur luy-même, mais sur la matiere qu'il prepare; qu'il échauffe, & qu'il desseiche pour la convertir en soy. Un Saint tire au service de Dieu ceux du monde qu'il trouve en estat de suivre les merveilleux attraits de la grace; & puis leurs lumieres & leurs ardeurs étant jointes deviénent plus grandes, & assez fortes pour ne point ceder aux abus ny aux dissolutions dont elles se voyent investies. Il ne faut point craindre de changement en des volontez qui tendent à même fin, qui s'y aident, qui s'y secourent; qui plus elles s'étendent, plus elles s'approchent, jusques à perdre tout ce qu'elles avoient de diversitez dans leur union.

Une ligne perpendiculaire qui tombe à plomb sur une autre droite, fait un angle qu'on appelle droit, toûjours égal, toûjours de même en dix mille differentes operations, où les autres qui s'écartent de la rectitude, qui sont ou plus larges ou plus pressez & plus aigüs, sont dans des diversitez infinies, & hazardeuses, toûjours dissemblables, sans exactitude, comme elles sont sans regle & sans fondement. Elles nous representent en cela les affections humaines qui se trouvent ordinairement contraires, & qui se combattent pour des interêts particuliers, de profit, d'honneur, d'amour, de haine, & de toutes les autres passions. Ceux qui s'en trouvent possedez cherchent leurs semblables pour être plus forts, & emporter ce qu'ils desirent malgré tout ce qu'on leur peut faire de resistence ; ainsi les voleurs s'attrouppent pour détrousser les passans sur les grands chemins; les hommes d'affaires s'entendent pour fabriquer de faux comptes, pour ruiner les Provinces, & faire tomber dans leurs coffres les biens immenses qu'ils détournent de l'épargne. Ils disent entr'eux ce qui est dans les Proverbes: Soyons de bonne intelligence, ces biens ne nous peuvent échaper, nous en ferons le partage; cela est assez grand pour établir nos fortunes & rendre nos maisons tres-riches. Ils se renvoyent les pauvres parties les uns aux autres, l'un en éfleure la peau, l'autre l'entame, les derniers l'écorchent & la déchirent: Quoy qu'ils soient dans une extrême confusion de mœurs, ils gardent un ordre pour faire le mal, comme les démons. Ils sont rangez comme les dents du crocodile, qui laissent entr'elles des espaces, que celles de la machoire d'enhaut, qu'ils ont mobile, viennent remplir, percent ainsi par ces reprises, & tranchent leur proye, que leur palais herissé de

Prov. 1. 14.

pointes ne manque point encore d'arrêter; elle ne peut donc échaper de cette gueulle tyrannique si regulierement armée. Mais pensez-vous que les amitiez des voleurs de ville ou de campagne, des heretiques, des sacrileges, quoy qu'elles soient établies par tous les artifices de la prudence humaine soient constantes ? Ils se tiennent entrelassez comme des épines, dit le Prophete Nahum, mais avec des inégalitez qui les font aisément connoître, & qui obligent de les mettre toutes au feu, sans se donner la peine de les démêler. Les gouvernemens seroient plus malades qu'ils ne sont l'innocence y seroit entierement opprimée, par les plus forts & les plus adroits, si Dieu ne permettoit que les méchans, qui ne sont pas d'accord avec eux-mêmes, ne le soient pas avec leurs semblables, l'avarice, l'ambition, l'envie, le mécontentement fait que l'un d'eux accuse les autres dans l'esperance de l'impunité.

On pense entrer dans les intimes affections d'un Prince en le servant dans le secret de ses amours, de ses jalousies, de ses vengeances: on croit le tenir par les parties qu'il a plus sensibles; mais les passions comme les flots de la mer, ne sont jamais dans une égale consistence, elles changent assez souvent & d'objets & de ministres; enfin la conscience, au moins par intervalle, a ses calmes & ses serenitez, où le point d'honneur, ou la raison prédomine; où la veuë de Dieu & la crainte de ses jugemens fait prendre resolution de renverser ces idoles & de conjurer ces demons, qui l'avoient jusques-là trompé. Il vient un temps où cet homme touché de Dieu ne peut plus voir les organes ny les témoins de son infamie; il a peine de souffrir celuy qui ayant été méchant à faire le mal, peut être perfide & venal à le publier, & est ainsi un tres-mauvais dépositaire d'un homme si pretieux.

Autrefois on ne pouvoit approcher les Princes qu'avec des presens, la bouche fait aujourd'hui l'office des mains, & la coûtume est de se mettre dans leur bonne grace par des loüanges. Il est difficile de les temperer de sorte, qu'elles ne paroissent trop basses à des esprits enflez de présomption, ou excessives à ceux de la sagesse, & que les avis d'un fidel ami entretiennent dans la connoissance de leurs défaux. Un flateur doit craindre l'une de ces deux extremitez, qu'il n'irrite contre luy la puissance qu'il pense gagner par ses applaudissemens, & qu'un bon esprit ne se venge d'être pris par cet imposteur pour foible, pour ridicule, pour si facile à tromper par des paroles, puis qu'on doit même suspendre son

son jugement aprés des effets sensibles, & en apparence tres-obligeans, parce qu'on n'en sçait pas les fins ny les intentions. Les faussaires ne sont pas si pernicieux à la police, que le sont les flateurs au Prince, s'ils luy déguisent la verité qu'il veut connoître, pour ne rien faire contre l'honneur & la conscience. Car s'il prend les vices pour des vertus, sur le rapport de ce faux témoin, il commettra sans doute toutes sortes d'injustices, d'où infailliblement il verra naître, le mêpris de sa personne, le mécontentement de son peuple, l'audace de ses ennemis, la ruine de son Etat. Cela parut en Caligula que la flaterie changea tellement, que d'un bon Prince elle en fit un monstre abominable, qui voulut être adoré comme Dieu, & que sa figure fut mise dans le Temple de Hierusalem, où les ceremonies se

Sueton. in Caligu. Joseph. lib. 18. c. 15.

P

faisoient avec plus de magnificence qu'en tous les autres. C'est donc une opinion tres-fausse, qu'on puisse gagner l'amitié par la ressemblance aussi bien des vices que des vertus, que ces deux contraires habitudes, soient indifferentes à l'homme, qu'elles doivent passer en son estime comme égales, puisque par l'une & l'autre il peut reüssir à même fin. Il ne faut que suivre les mauvaises inclinations de la nature, pour se mettre dans la ressemblance des vices ; c'est aussi ce qui grossit les troupes de voleurs dans les forêts & dans les finances, des seditieux dans les Villes, des chicaneurs dans les barreaux, des heretiques dans l'Eglise. Tous ces méchans ne forment que des cabales qui ruinent les saintes societez ; elles n'unissent pas, mais elles divisent, elles se ruinent elles-mêmes & les autres, comme nous avons dit, & ont des effets directement contraires à ceux de l'amour, qui est dans la nature l'effet & l'image de celuy de Dieu; la cause, l'accord, l'ordre, la beauté, l'harmonie, & la propagation de toutes les creatures.

XXII. OPINION.

Les amitiez ne se peuvent entretenir si elles engagent trop les interests.

Seneque nous represente son Sage satisfait de ses propres biens, sans recourir à ceux de la fortune, avec des desirs aussi dégagez des choses extérieures que le peuvent être ceux des pures intelligences, sinon qu'elles ont ce privilege de leur nature, & que luy se le donne par sa vertu, & tient ainsi de luy-même sa felicité. En cet état d'une parfaite independence, s'il trouve une personne qu'il

Senec. ep. 9.

juge digne de son amitié, il l'y reçoit avec de tres-pures & tres-entieres affections, qui n'ont pour interest que de luy faire du bien, que de l'avoir pour sujet sur lequel il mette en pratique tous les devoirs d'un parfait ami. Nous en sommes instruits par cette idée, elle nous en donne la regle tres-juste, qui étant presentée aux amitiés ordinaires dans le monde, font voir de combien elles s'écartent de la rectitude, & des défauts que la raison y doit corriger. Il est certain que l'indigence de nôtre nature, qui nous assemble dans les villes, pour y recevoir du secours de toutes les conditions, ne nous permet pas de contracter des amitiés purement pour l'honnesteté qui s'y rencontre, & sans quelque veüe, quoy que secrete du propre interest. Aprés toutes les belles protestations que le cœur & que la bouche peuvent faire, on ne donne que pour recevoir. Les pures, grandes, & continuelles liberalitez n'appartiennent qu'à Dieu seul, dont l'essentielle bonté est infinie, c'est elle qui a rendu les corps celestes incorruptibles, afin qu'ils peussent toûjours répandre icy bas leurs lumieres & leurs influences. Quand aux choses sublunaires, leurs forces étant limitées, elles s'épuisent bien-tôt, si elles ne sont rétablies par des récompenses égales à ce qu'elles donnent de travail. L'air ne verseroit pas ses pluyes ny ses rosées sur la terre, s'il n'en recevoit les vapeurs, la mer ne remplit son lit, & ne fournit à toutes les eaux qui s'en écoulent, qu'à proportion des grands fleuves qui s'y déchargent. Nos forces s'abbattent par la lassitude, si elles ne sont rétablies par le repos & les alimens. La societé civile consiste, dit Aristote, en ce que les artisans se fournissent mutuellement leurs ouvrages; il se fait un échange volontaire selon les appetits du plaisir & du profit, de l'adresse & du travail. Le Prince même qui proteste d'avoir autant d'amour pour son peuple, qu'un bon pere pour ses enfans, qui les défend de leurs ennemis par ses armes, de la violence & de la mauvaise foy, par ses loix & par sa justice; quoyque l'honneur luy soit aussi cher que sa couronne & que sa vie, il ne laisse pas de tirer la subsistance de ses forces & de sa Majesté par des subsides.

Arist. 2. ethic. 2.

C'est donc porter l'amitié plus haut que la nature ne le permet, de vouloir qu'elle soit entierement desinteressée, & qu'un homme qui reçoit un autre pour son ami, qui en fait le choix, & qui luy engage sa foy, ne pretende que de l'obliger sans se promettre aucune chose de son secours; Il est vray il ne s'y passe point de contract sous certaines loix, comme dans les societez ; les paroles, de part & d'autre obligeantes, valent toutes les stipulations, & quand elles ne seroient prises que pour des civilités, la gratitude d'un bien receu, est d'une tacite & naturelle obligation. Quoy qu'un maître mette son esclave en liberté, purement & sans aucune reserve, s'il devient pauvre, & que l'affranchy fasse difficulté de luy donner sa nourriture, il sera vendu, & le prix sera pour le maître qu'on suppose ne l'avoir aliené qu'en cas, qu'à l'advenir, il n'en auroit pas besoin. Ainsi quoy que les donations soient faites avec tout ce qu'on y demande de formalitez le donateur n'y est pas tenu, qu'autant qu'il le peut sans en recevoir de notables incommodi-

l. 6. ff. de ag-nos. & aliud lib.

344 LES FAUSSES OPINIONS

l. 28. ff. de reg. jur. tez, & sans qu'il en reste pauvre à l'égard de sa condition.

De ces considerations tres-équitables plusieurs prennent sujet de justifier leur ingratitude, quoy qu'elle soit un vice le plus honteux & le plus nuisible de tous à la société des hommes ; parce qu'elle leur fait considerer toutes les amitiez comme incertaines, & que la vie demeure ainsi sans support dans ses disgraces. Si le malheur est léger, & assez supportable pour être couvert par discretion aux yeux d'un ami, qu'on a crainte d'importuner, il dira qu'il ne l'a pas sceu, quoy qu'il dût être également informé des affaires de son ami, comme des siennes propres, & qu'en cela l'ignorance d'un fait qui le touche, ne merite point d'excuse. *l. 1. ff. de jur. & facti ignor.* Si l'affliction est si pressante, que la honte ne la puisse plus cacher, & que la bouche soit contrainte de demander du secours à un mal ; l'ingrat pour excuse de sa liberté ne manquera pas de le grossir par toutes les circonstances du passé & de l'advenir, pour avoir sujet de ne s'y pas engager, & pour ne pas attirer sur luy des inimitiez, dont il ne pourroit se défendre. Il est vray je ne présenteray pas la main à un homme qui se noye, car je me perdrois sans le secourir ; je me retireray d'un favory que le Prince foudroye de sa disgrace, je ne veux point paroître blessé du coup qui l'abbat ; mais en secret je prendray parole de luy, je l'assureray de mes affections, je l'aideray de mes conseils & de mes moyens ; je ne feray que ceder à une force majeure, qui comme un torrent ravage ce où il trouve plus de resistance ; mais pour une debte, pour une accusation, dont un innocent se voit accablé, pour une affaire qui a deux faces, qu'on peut éclaircir avec un peu de courage. Abondonner un ami, c'est une infidelité de tres-dangereuse consequence, parce qu'elle rend toutes les amitiez suspectes, & qu'elle renverse l'appuy qu'on en pouvoit esperer. On sçait bien qu'on n'entreprend pas la poursuite d'une affaire sans travail; qu'on ne donne point, sans s'appauvrir de quelque chose; que qui prête, s'incommode ordinairement, & perd l'occasion qui se pourroit presenter de faire un acquest; mais on sçait bien aussi où peuvent aller les bonnes volontez, les délais que on peut obtenir d'une debte, les addoucissemens qui peuvent arrester une poursuite, & qu'il n'y a point de rigueur que les ardentes sollicitations d'un ami ne puisse adoucir.

Mille personnes ont genereusement exposé leur vie pour un

autre, comme les seconds dans les duels, & les anciens braves, pour justifier l'innocence par le droit des armes ; & plusieurs ont receu le coup de la mort, pour un ami qui s'y trouvoit condamné. On en peut voir les exemples au lieu que je cite. Un veritable amour qui donne la vie, peut bien engager les biens & les interests.

Digesti sapien. suplem. to. 1. tit. medium gloria. moti pro alio.

Depuis le temps que vous vivez avec cét homme comme amy, il ne se peut faire que vous n'en ayez reçû mille bons offices ; qu'à vôtre priere, il ne se soit engagé dans vos affaires, sans y épargner ses diligences & ses biens ; il attens aujourd'huy de vous les services qu'il vous a rendus à son possible, toûjours beaucoup plus par affection, que par effet. Vous l'avez autrefois prié, aujourd'huy la vicissitude du monde le rend à son tour vôtre suppliant, ne trompez pas l'estime qu'il a fait de vôtre fidelité, & la confiance qu'il y a mife, vous luy en avez fait les proteftations ; s'il eût cultivé l'amitié d'autres perfonnes, elles en feroient reconnoiffantes, & luy donneroient fans doute ce que fes affaires attendent de fecours ; s'il le reçoit de vôtre part, il vous en rendra l'honneur devant Dieu, & devant les hommes, qui ne trouvent point de titre plus glorieux, que celuy d'être bien-faifant, comme en fon eftime. La derniere des infamies, c'eft d'être ingrat & manquer aux devoirs de l'amitié ; faire à quelqu'un ce reproche, c'eft le condamner, & jamais on ne parle de fa vie ny de fa mémoire, qu'avec une efpece d'exécration. S'il falloit examiner toutes les circonftances d'un homme qui refufe le fecours que luy demande un amy, les facilitez qu'il en a, les promeffes qu'il en a faites, les bons offices reçûs qui luy obligent, les necessitez qui preffent & qui deviennent irreparables fans un prompt remede: ces faits particuliers tiennent de l'infiny, & ne pourroient être affez éclaircis ny jugez, quand tous les Tribunaux n'auroient que ces feules caufes à vuider. C'eft pourquoy Seneque remarque que la Jurifprudence n'a point mis au nombre de fes actions celle de l'ingratitude, elle s'en rapporte aux confciences felon cette équité naturelle de faire à autruy ce qu'on voudroit être fait à foy-même; elle laiffe au jugement de Dieu les ingrats, comme les parjures, car ces deux crimes font infeparables, & jamais on ne manque aux devoirs de l'ingratitude, qu'on ne péche contre les fermens qu'on a fait d'une éternelle reconnoiffance, & de ne point offenfer Dieu en la perfonne de nôtre prochain.

Senec. lib. 3. de benef. c. 6.

Iurisjurandi contemptu religio fatis Deum ultorem habet. l. 2. C. de reb. cred.

XXIII. OPINION.

L'Esprit se polit, les mœurs se forment à l'honnesteté dans la conversation des Dames.

LEs Dames qui par un instinct de pudeur, font semblant de se cacher sous le voile, pour donner aux yeux plus de curiosité de les voir; qui se retirent, afin qu'on les suive, engagent icy les hommes à prendre leur cause, & à confesser ingenument ce qu'elles seroient bien en peine de prouver. Ils se portent à ce qu'elles desirent, ils avoüent ce qu'elles prétendent, & sont les premiers en la recherche, comme s'il ne s'agissoit que de leur interest, quoy-qu'en verité elles en ayent des desirs plus passionez, & des causes plus necessitantes. Car si l'infirmité de leur sexe les exclus des Charges publiques, & qu'elles ne peuvent monter aux dégrez d'honneur, que par le moyen de l'alliance, il faut qu'elles conversent pour être veuës ; qu'elles soient veuës pour être aimées, & que l'amour les rende de Filles, Femmes & Meres ; afin qu'elles ayent part aux dignitez de leur Mary, & de leurs Enfans. La conversation donne sujet aux yeux & à la bouche d'être là les truchemens du cœur, & de traiter à loisir cét accord si important, d'où dépend l'honneur & la felicité de toute la vie. Les hommes font en cela les premiers pas, ils engagent leur amour, leur service, leurs fidelitez à une Maîtresse, pour l'obliger par cette déference qu'elle désire & qu'elle se promet. Mais c'est une merveille de concevoir qu'ils y viennent comme dans une Academie d'honnesteté, de politesse, de bienseance, & que par effet ils avoüent, aprés une serieuse réflexion sur leur ancienne manière d'agir, qu'ils ne sortent point de ces entretiens délicieux sans de notables proffits. Certes il est difficile de concevoir, comment des esprits de filles qu'on ne juge pas capables des hautes sciences, ny des grands employs, puissent perfectionner ceux des hommes, qui sans contredit sont plus forts, plus solides & plus éclairez, sur tout ayant passé par les estudes & par les affaires: Et puis comment donneroient-elles l'honnesteté dont on ne demeure pas d'accord qu'elles soient toutes bien pourveuës, pour en faire part aux autres, particulierement dans les Cours, où les grandes libertez passent pour des galanteries, & pour les preuves d'un merite qui n'est pas commun?

Il est certain qu'elles excellent en ce qui regarde l'amour, en tous les autres sujets elles parlent trop, elles sont craintives & inconstantes ; en celuy-cy elles sont secretes, entreprenantes, genereuses jusqu'à la temerité ; & leurs lumieres comme leurs flâmes surpassent en cela les nôtres. Quoyque la conference familiere qu'avoit Socrate avec son genie l'eust rendu le plus sublime & le plus divin des Philosophes, néanmoins il confesse qu'il avoit appris les plus secrets mystéres de l'amour, & les effets miraculeux qu'il opere dans les ames, de la Prophetesse Diotime. Ne voïonsnous pas qu'entre les animaux les femelles ont ordinairement moins de force & plus d'adresse que les mâles en leurs amours, & en l'éducation de leurs petits, dont quelques-unes prennent toute la charge ? Entre les petits oyseaux c'est la femelle qui choisit le lieu secret où elle pose son nid, c'est elle qui entrelasse les petits fils dont elle le compose avec tant de justesse que son corps le remplit tout, crainte que la chaleur ne s'exhale quand elle est dessus ses œux, & puis il s'étend à proportion de l'espace que demandent & que se font ses petits devenus plus grands.

Ces industries sont un effet de l'amour, qui échauffant les esprits les rend plus subtils & plus agissans dans les animaux, environ le temps où le Soleil ressuscite ceux de la terre, d'où elle devient féconde par un surcroît de lumiere, de chaleur & de vertus, quand il s'approche de nôtre zenit. Les deux sexes déployent lors tout ce qu'ils ont de proprietez particulieres, les femelles des oyseaux pour les preparatifs de leur mariage ; les masles par des caresses, des mignardises, des complaisances qui les y animent. Lors le Pan d'un pas superbe, fait montre de sa beauté devant sa chere compagne pour luy donner de l'amour, & s'il voit que ſes yeux y prennent plaiſir, il étalle les miroirs & les changeantes couleurs de ſes plumes dans le rayon du Soleil, dont les éclats refléchis par un petit mouvement, cauſent une infinité de merveilles. Cependant que la femelle du Roſſignol garde le nid, il continuë ſon chant preſque ſans repos ; afin qu'elle ſoit aſſeurée de ſa preſence, & que par ces aubades il luy témoigne la joye qu'il a de ſa prochaine lignée.

La femelle ne donne pas à ſon Pan la beauté qui nous le rend admirable, & qu'elle n'a pas ; la femelle du Roſſignol ne l'inſtruit pas à former ces accords, ny ces boüillons ſi raviſſans qu'elle ne ſçait pas, & dont elle eſt naturellement incapable ; elle ne fait que les exciter en luy témoignant ſon amour par une voix douce & plaintive ; ainſi ce n'eſt pas la fille qui donne à l'homme dont elle eſt aimée, l'esprit d'être éloquent, Poëte, Peintre, subtil & genereux ; c'est l'amour qui échauffant & dilatant le cœur, envoye des esprits plus déliez au cerveau, dont il se sert comme d'une matiere tres-propre à ces belles operations. L'amour, dit Plotin, imprime une image de la beauté divine dans les ames, qui les ravit & qui fait qu'elles se figurent en l'objet qu'elles aiment des qualitez surnaturelles digne d'adoration. De-là vient que les amans tous pleins des idées & des desirs de la beauté, s'y conforment autant qu'ils peuvent, quand ils se parent, s'ajustent, affectent l'élegance du langage & la politesse des mœurs, pour plaire à la beauté qu'ils aiment, & dont ils voudroient être reciproquement aimez; devenus plus beaux. Ainsi l'amour c'est le maître des Arts, car depuis que l'esprit se forme l'idée d'une chose qui luy semble belle, il l'aime, & l'aimant, la raison, l'imaginative, les yeux, la main, toutes les puissances intellectuelles & sensitives joignent leurs forces pour exécuter ce dessein. La pierre à aiguiser ne couppe pas, quoy qu'elle affile un coûteau, & le rende plus propre à coupper; ainsi la beauté ne perfectionne pas un homme, mais elle cause l'amour qui reveille les esprits & les porte au bien. Ce n'est donc point proprement la conversation des Dames, mais l'amour qui façonne les esprits, & polit les mœurs.

Mais d'où procede cet amour qu'on peut nommer raisonnable, puisqu'il polit le discours, la conduite & les mœurs, qui sont les effets d'une raison épurée. Certes il ne vient pas du seul instinct reciproque entre les deux sexes, purement sensibles qui nous est commun avec le reste des animaux. Il est vray que la beauté, dont l'homme a un sentiment particulier luy peut donner de l'amour, & caufer en luy ces qualitez raifonnables, parce qu'elle eft une image de la raifon, un rayon divin, qui éclattant fur les juftes proportions des couleurs & de la matiere, gagne les yeux & le cœur. Que fi la beauté du corps fe rencontre avec celle de l'efprit, fes attrais font plus puiffans & un petit miracle en une femme; Elle advoüera neanmoins qu'elle ne tient pas d'elle-même ces avantages d'efprit, qu'elle les emprunte des hommes, ou par le moyen de leurs converfations ou par la lecture des livres qu'ils ont compofez. Car ils affectent fur tout de paroître fort intelligens & genereux, d'exceller en ces deux éminentes qualitez, dont les femmes ont le moins, & qu'elles admirent le plus, pour fe mettre ainfi d'avantage dans leur estime. Quand donc un homme aime la beauté de l'esprit en une femme, il s'aime en quelque maniere luy-même par réflexion, il aime en elle des pensées viriles, il les voit avec complaisance comme les siennes dans un miroir, & entend comme un Maître les petits raisonnemens de son Disciple. L'amour couvre ce qu'il y a de deffaut, & releve ce qu'il y remarque de bien, avec tout ce qui se peut d'exageration; de sorte qu'une fille mediocrement diserte, luy semble un Ange incarné. Il faut que la passion ait mis un verre bien trompeur devant les yeux pour en juger de la sorte, pour ne pas voir que les choses plus solides deviennent foibles, que l'or n'est pas plus qu'un filet en passant par ces petites ames, & par ces bouches délicates : que l'amour est un feu, où les matieres & les esprits perdent la consistence qui leur étoit propre. Nous avons la source d'une parfaite éloquence dans les anciens Orateurs, & dans les rares pieces de nôtre siécle : Nous avons l'idée d'une genereuse morale dans les Plilosophes, d'une parfaite & sainte conduite dans les Peres de l'Eglise, & dans les beaux traitez de nos Autheurs; & sans consulter les morts, ne nous est-il pas permis d'avoir la conversation des personnes qu'une voix publique rend celebres en la science de la parole, des mœurs & des affaires ? Ne peut-on pas se former aux vertus civiles & divines, sous les yeux & les avis de ces maîtres de perfection ? Recourir pour cela aux femmes, c'est quitter la source des eaux salutaires, pour se desalterer dans des ruisseaux, aprés qu'ils ont passé par des veines, dont il faut craindre les mauvaises qualitez.

Veritablement si les Dames
avoient

avoient pris entr'elles cette ferme resolution, de ne point souffrir d'être aimée ny servie, que des personnes recommandables par la modestie de leur conduite, d'où l'on peût juger qu'ils seront un jour les Collomnes de l'Etat, & les sujets capables de remplir les plus belles Charges; elles mériteroient lors veritablement le nom de maîtresses, & leur conversation seroit une escole de vertu pour la jeunesse, qui par ce moyen fut autrefois remise de la débauche dans les pratiques de la vertu en Espagne, comme je l'ay dit ailleurs. Mais aujourd'huy quel fruit peut esperer un homme de la conversation des Dames, si les plus innocens de ces entretiens ne sont que de sotises, de vanitez; de ce qui s'est fait & dit de ridicule, des recherches, des jalousies, & des refroidissemens, jusqu'à ce qu'aprés avoir jugé des autres, chacun trouve qu'il s'a-

Gentilhomme Chrétiē 2. part ch. 23.

Q

git de son propre fait ; & qu'à son tour il joüe son personnage sur ce theatre du monde. Là les agréemens des habits, des gestes, des paroles, passent des yeux & de la bouche jusqu'au cœur ; Il entre dans ces aimables compagnies dans des transports de joyes ; il s'y trouve attaché par des douceurs qui luy font oublier toute autre chose, les études, les academies, les assiduitez necessaires pour obtenir la faveur & les Employs. Cét accident est ordinaire s'il tombe entre les mains d'une maligne qui d'abord luy témoigne de l'inclination, des preferences, & quelques menuës faveurs, jusqu'à ce qu'elle le voye blessé d'amour ; lors elle l'exerce par des refroidissemens étudiez, qu'il faut racheter par des dépenses excessives, par des servitudes insupportables, par des éclaircissemens, où les interests de l'honneur des affaires, du répos, & des tranquillitez de la vie demeurent notablement engagez. L'avarice ne possede que des ames basses & populaires, l'amour est la maladie des plus beaux esprits, qui s'y engagent premierement par vanité d'être preferez aux autres, en la joüissance d'un bien qu'on estime comme prix des victoires, & puis ils se trouvent investis du feu qu'ils ont allumé sans trouver moyen d'en sortir ; le succez ne leur étant pas heureux, il change ce brillant qui les rendoit recommandables en des humeurs noires & mélancholiques, & ressemblent aux pierreries, qui perdent ce qu'elles avoient d'éclat ayant passé par le feu. On ne se joüe pas de cét élement comme de l'eau, s'il trouve des matieres bien disposées, qu'on ne pensoit que seicher comme des poudres à canon, il les consumme & en fait d'horribles embrasemens. Cyrus étant en guerre contre les Assi-

Q ij

riens fut averty que ses Capitaines vouloient luy faire present d'une Captive dont la beauté étoit sans pareille ; Je ne la veux point voir, dit ce grand Prince, crainte que je ne l'aime, & que son amour n'arrête les progrez de mes victoires. Il avoit auprés de luy un Seigneur nommé Araspet qui se ventoit d'être insensible à cette passion, il luy donne cette beauté à garder, il la reçoit; mais son cœur ne demeura pas long-temps dans l'indifference; il l'aime, & la recherche avec tout ce qui se peut d'importunitez. Cyrus le sçachant le fait venir, le confond de ses reproches; enfin l'envoye chez ses ennemis, comme s'il s'y retiroit pour éviter les supplices qui luy étoient préparez pour avoir offensé le Roy en une personne qui luy étoit aussi chere que sa vie. Hé ! comment approcher si prés du feu, sans en ressentir la chaleur? Com-

Xenoph. Cyroped lib. 5. & 6.

ment le presser contre son sein, dit l'Ecriture, & n'en être point brûlé ? Comment converser familierement avec les Dames, sans être malade du poison, que leurs yeux, & que leurs artifices jettent dans les cœurs. Vous croyez que vôtre esprit prendroit là quelque éclatante teinture des vertus civiles, néanmoins on voit par experience que c'est ce qui le ravalle & le confond ; enfin l'abrutit ; que l'amour est la passion qui a terny la gloire des plus grands Héros & des plus sages Princes, comme d'une Hercule, d'un Samson, d'un Salomon ; que c'est cét emportement qui a renversé les familles & les Etats ; que c'est par les surprises de ce funeste demon, que l'enfer fait ses plus lamentables désolations dans le monde. Nous avons veu des curieux qui pour parler de la guerre, y étant allez, y sont morts à la premiere occasion de la premiere Campagne; d'autres qui pour avoir la gloire d'avoir couru les Mers, sont pris à leur premiere Navigation à dix lieuës du Port. Hé! qui vous asseure que vous entrerez dans ces perilleuses conversations, sans tomber dans les pieges & dans les malheurs, où les plus résolus ont esté pris? Si vous échappez, ce sera avec de pernitieuses habitudes, à qui la vertu sous les loix du mariage, vous semblera n'être pas possible; les legitimes affections d'une femme vous paroîtront toûjours suspectes des infidélitez que vous aurez vû dans les autres; les pensées de ceux qui ont été dans le désordre, sont toûjours noires, comme les bois qui ont été dans le feu: ainsi l'on est toûjours miserable avec sujet, du moins par imagination si ce n'est d'effet.

La nature met d'assez douces & puissantes inclinations entre les deux sexes, sans qu'on soit en peine de les acquerir par des familiaritez si cheres & si perilleuses; y apporter de l'étude & des artifices, c'est mettre des couleurs mortes sur une naïve beauté, qui a d'elle-même ses graces, & qui jette ce Rayon divin, penetrant jusques dans les ames où les plus rares peintures ne peuvent porter. Le monde se déclare icy l'ennemy de la vertu, puisqu'il persuade qu'il recherche avec tant de fruits & de servitudes, la conversation des femmes, que les Philosophes nous representent comme des Sirennes, qui par la douceur de leurs voix, tiroient les vaisseaux à prendre port où ils devoient faire naufrage; comme les Magiciens qui transformoient les hommes en bêtes, comme des harpies qui en ravissoient les biens, & en infectoient les corps. Hors les loix du mariage, le saint Esprit nous avertit de les éviter comme des

Viperes plaines de venin; comme des potions agréables aux yeux & au goût, mais composées d'un poison subtil, qui donne infailliblement la mort. Quoy-que la nature nous rende alterez d'un objet nécessaire à l'entretien de l'espece; un homme de bien ne contentera jamais sa soif dans des eaux, qui n'étant pas bénîtes, ont été, & seront toûjours la cause des plus grands malheurs, dont le monde se trouve affligé.

XXIV. OPINION.

On n'offense point une personne en luy accordant ce qu'elle demande.

PLaton dit en son Timée, que l'amour étoit en la naissance du monde au beau milieu du chaos de cette masse confuse de toutes choses, pour les tirer du désordre, les établir dans leur nature & leurs qualitez, & mettre chacune dans le lieu propre à sa conservation. Ainsi les Medecins remarquent que l'esprit est dans la semence de la plante & de l'animal, le premier mobile du battement qui pousse du centre à la circonference, qui étend, qui distingue, qui forme, qui ordonne, qui joint les parties avec les justesses d'où dépend la belle disposition du corps; pour les actions vegetantes ou sensitives. C'est l'amour du bien que Dieu a mis dans les élemens qui les porte droit à leur centre; l'air & le feu en haut, c'est cét amour qui fait que les plantes & les animaux se portent au bien qui leur est propre à prendre les nourritures, les croissances, & les qualitez qui achevent leur perfection; Ces instincts, ces appetits sont limitez par le degré de l'espece, ainsi reguliers & infaillibles, exempts de l'excez ou du deffaut, parce qu'ils agissent selon la mesure qu'ils ont reçûë de la sagesse divine ; comme plusieurs ouvriers travaillent dans un bâtiment sur le patron que l'Architecte leur a prescrit. Ces particules mises en leurs places, nous formeroient un Tableau des perfections divines, si nôtre esprit avoit icy l'étenduë qu'il espere dans l'éternité, pour remarquer les admirables rapports qu'elles ont avec les vertus, les periodes des Cieux, les dégrez de la nature, & les évenemens de tous les Siécles. Nous verrons cela dans le Verbe qui est la premiere & souveraine beauté, l'original des idées qui reglent toutes les activitez d'icy bas ; cependant nos puissances intellectuelles, créés de Dieu pour le connoître & pour l'aimer, au Ciel en son essence, icy en ses images, ont des capacitez sans bornes. Nôtre esprit veut tout connoître, nôtre volonté a de l'amour, pour tout ce qui porte quelque trait de la bonté & de la beauté divine: cette volonté eſt libre, afin que ne pouvant poſſeder tout enſemble tant d'objets; elle en jouïſſe à repriſe par de nouveaux goûts qui ſoulagent une poſſeſſion toûjours imparfaite. Nous voulons le bien, mais nous prenons ſouvent l'ombre pour le corps, par une ignorance de la nature des choſes, & par une paſſion qui nous les repreſente autres qu'elles ne ſont.

Je croy que la Providence divine qui permet que nous naiſſions avec des deffaux, nous fait aimer la ſocieté, afin que nous y trouvions nos remedes, & que la charité de nos prochains nous aide de ſes lumieres & de ſes ſecours pour nous détourner des diſgraces qui nous menacent. Platon dit que comme on mettoit ſur les grands chemins des Mercures qui faiſoient connoître les lieux où ils conduiſoient; qu'ainſi

Plato in hyparco

le Philosophe Hyparcus y élevoit des Colomnes, où il avoit écrit les grandes maximes de la Morale. Les livres de Medecine expliquent les causes & les remedes des maladies, ils parlent des venins & des antidotes; les Cartes marines marquent les éceüils qu'il faut éviter, les ports où les vaisseaux ont moyen de se rafraîchir: Le Prince, les Loix; les Magistrats dans les villes; les Peres de familles dans leurs maisons; les Maîtres dans les écoles & dans les boutiques, avertissent leurs sujets de leur devoir; il les y animent par les recompenses, & les corrigent de leurs deffaux par les menaces & les châtimens. Outre ces voix communes & domestiques, la courtoisie particuliere de chacun donne l'avis aux passans des routes qu'ils doivent tenir, des perils qu'ils doivent éviter, & les éclairsit sur toutes les demandes

qu'ils peuvent faire pour la seureté de leur conduite. On prend
la liberté d'oster une ordure qui
blesse la vûë sur un bel habit;
de redresser d'une main officieuse, ce qui n'est pas dans la bien-
seance: les Couvreurs & les Mas-
sons qui travaillent en haut, laissent tomber des cordes jusqu'en
bas, avec des marques du peril
qu'on court d'y passer. La Police
ordonne qu'on ne jette rien des
fenestres, sans une haute proclamation aux passans d'être sur leurs
gardes; on donne la main à l'A-
veugle qu'on voit prêt de faire
un mauvais pas, qu'il auroit peine d'éviter en tâtonnant de son
bâton; si l'on est trop loin pour
le soulager, on jette une voix
qui l'avertit & qui l'arrête.

Si donc l'on doit naturellement
ces bons offices aux personnes,
même qui ne nous sont connûës
qu'en qualité d'hommes, pour
les détourner du mal, & leur

rendre le secours que nous souhaiterions en une semblable rencontre ; si nous sommes obligez de le détourner du précipice, nous ne devons pas l'y pousser quoy-qu'il nous en prie. Car si la fureur ou le désespoir luy oste l'usage de la raison, la nôtre doit suppléer à son défaut, parce que nous sommes parties d'un même corps civil, & Chrétien, & que nôtre jugement doit les mêmes assistances, à nos prochains qui en manquent que nôtre vûë; rend au pied pour choisir ses pas, & à la main pour la conduite de son ouvrage. Nous devons être, comme Job, l'œil de celuy qui n'en a point, que si au lieu de le conduire, nous luy aidions à tomber, nous ne serions pas seulement les Ministres, mais les autheurs de sa perte : car n'ayant pas le libre usage de la raison, il n'a point de volonté ; s'il soûfre & s'il perit, c'est donc par la nôtre, comme par nos mains, qui vous en rendent seuls coupables.

On fait demande de certaines choses, si peu raisonnables, que le refus en est juste, & qu'il devient une faveur, quoy qu'un peu fâcheuse aux premiers sentimens de celuy qui la reçoit. Je considereray, dit Seneque, plûtôt son bien, que sa volonté; je ne donneray point d'eau à l'Hydropique quoy-qu'il m'en demande, parce que ce petit soulagement augmenteroit l'ardeur des brûlantes humiditez qui le consumment. Je regarde plûtôt l'issuë que le commencement du bienfait, & s'il sera toûjours agréable, apres que la chaleur de la passion, qui fait la demande sera refroidie. Si d'abord on la contentoit, n'auroit-il pas peut-être sujet de ne point aimer celuy qui auroit prêté sa main pour le perdre? Comme ce seroit une cruelle bon-

Seneca lib. 2. de benef. cap. 14.

té de luy accorder ce qui cau-
seroit sa ruïne, se seroit une haï-
ne veritable, quoy-que déguisée
& qui le flateroit en luy donnant
le coup de la mort, de luy offrir
du poison, quand il le demande,
bien que ce fut dans un vase d'or.
J'ay dessein de vous sauver, même malgré vous; quand mes bonnes volontez & tous mes efforts
passeroient en vôtre estime pour
des injures, quand vous feriez
état d'en tirer vengeance, je suis
certain que le temps vous fera
connoître ce que vous m'avez
d'obligation de vous avoir si a-
moureusemét désobligé. En tout
cela je n'ay fait que suivre une
Loy, que je me suis prescrite depuis long-temps, de jamais ne
faire aucune chose, qui me soit, ni
aux autres, un sujet de repentir.

Le dépost est un contract de
bonne foy, dont la fin est de conserver une chose perilleuse à
celuy qui la met entre mes mains,

Id. lib. cap. 9.

pour la luy rendre quand il luy plaira, sans que j'en tire aucun profit : j'en sçay les loix & les obligations, néanmoins je ne vous rendray pas vos armes que je garde, si je vous voy dans une occasion, où les transports de vôtre colere vous mettroient en état d'en faire quelque mauvais coup. J'employeray toutes les excuses, & toutes les raisons possibles pour vous faire croire que je suis dans l'impuissance, de remettre entre vos mains, vôtre argent dont je suis dépositaire, si vous êtes dans une mauvaise fortune de le perdre au jeu, ou dans une passion de l'employer en des choses illicites, dont vous auriez un déplaisir éternel, de l'action, de la perte, & de ce que j'aurois été facile à vous rendre, ce que par raison je vous devois refuser.

Un homme se veut rendre mon esclave, pour une somme qu'il me demande & que je luy

378 LES FAUSSES OPINIONS

donne, il ne sçait pas l'estime qu'il doit faire de sa liberté, qui n'a point de prix, l'Etat & plusieurs familles y prennent interest; ainsi sans qu'elles soient appllées en ce contract de surprise, la Loy le déclare nul. Les Evêques viennent de leur mouvement à la Cour, sans ordre & sans affaire qui les y obligent, ils se mêlent dans la foule des Courtisans, se tiennent debout devant le Prince durant son répas; entendent tout ce qu'on dit pour luy complaire avec des agréemens ordinaires à ceux qui prétendent à la faveur, les Saints Conciles improuvent ces déferences serviles, en ceux qui les rendent & qui les reçoivent; il seroit à souhaiter qu'un Monarque plain de zéle ne témoigna point de se plaire à ces hommages que luy offrent des personnes consacrées à Dieu, crainte que le temps qu'elles donnent à faire leur Cour, ne soit pris sur celuy

l. 10. C. de liber. can.

Concil. Constan IV. cap. Trident. sess. 23. de reform. mediola de dig. Epis.

qu'elles doivent à la garde de leur troupeau, à l'inftruction de leurs peuples, & qu'elles ne ravalent trop un Caractere facré, qui doit continuellement veiller fur la réforme du monde. Ils doivent en être les Juges, non pas les perfonnages des comedies qui s'y joüent, & reprendre avec un front d'arain, comme les Prophétes, avec une fainte ardeur, comme Saint Jean Baptifte, ce qu'ils y voyent de défordres. Une parolle de rebut & de mépris prononcée par une bouche Royale, dont ces efprits jaloux de l'honneur fe promettoient de l'eftime, auroit plus de force fur eux, que tous les Conciles, pour les obliger à la reforme.

Une perfonne Ecclefiaftique prefente fa requête à un Juge feculier, pour être jugée en une caufe purement Ecclefiaftique; il eft vray, elle vient la rechercher, il la reçoit comme Jurifconsulte capable de l'un & de l'autre droit, qui doit répondre sur tous les cas qu'on luy propose, comme juge qui prend connoissance des personnes soûmises à sa jurisdiction ; mais il connoît d'abord que ny la personne ny la cause qui s'y viennent offrir n'y sont pas sujetes de droit, il ne doit pas les recevoir, non plus que les presens, d'une main qui vient de les dérober. Cette connoissance de cause est une usurpation sur la jurisdiction Ecclesiastique, reglée par les Papes & par les Rois, sur un privilege à qui ce particulier n'a pas droit de renoncer, parce qu'il appartient à l'Eglise, qui luy en fait de tres-expresses deffences. Je suppose que l'appel comme d'abus soit quelque-fois necessaire, pour en empêcher de plus grands, mais s'il passoit dans une pratique ordinaire, la confusion seroit extréme dans

7. q. cap. Si quis si diligenti cap. si diligenti de foro competenti.

d'Eglise dont les Prélats seroient ainsi désarmés, sans jurisdiction, sans authorité de corriger les offences qui s'y commettent ; ils seroient eux-mêmes condamnez par un Tribunal seculier, l'impunité nourriroit les crimes ; les enfans taitteroient leurs peres sans respect, ils en découvriroient la honte qu'ils doivent cacher, & le désordre du Clergé auroit des suites tres-dangereuses en la Police.

L'histoire Ecclesiastique rapporte les exemples de plusieurs, qui pour avoir une libre & non suspecte conversation avec les filles devotes, voulurent que le Chirurgien retrancha sur eux ce qui les faisoit hommes. Cela se dit d'origine de quelques Religieux dont il est parlé en la Vie des Peres, & des Hérétiques que Saint Epiphane appelle Valesiens, qui prenoient à la rigueur de la lettre ce texte de l'Evangile, *V. de digest. sup. tit. differ. princip. divers. fori.*

Vita patrum. lib. 2. cap. 17².

qu'il faut couper le membre d'où naît le scandal. Les loix civiles ont défendu ces cruelles & furieuses operations, sous peine de la vie, car elles meritent bien d'être châtiées par la perte d'une vie pour une infinité d'autres que par avance elles font mourir en leur source. Les Canons privent ces personnes des dignitez Ecclesiastiques avec beaucoup de sujet, dit S. Epiphane, parceque ce retranchement d'une partie, n'ôte pas la concupiscence qui fait le peché des deux, comme le Prêtre Leontius le fît connoître au rapport de Socrate l'historien.

S. Epiph. har. 38.
l. 13. ff. ad. l. a-quil.
Can. A-post. 21. 22. 23.
Eclef. 20. 2. & d. Hieron. ad latam. Socrat. hist. Eclef. lib. 2. c. 2.

Un homme pressé par les necessitez de sa famille vient prier une autre de luy prêter quelque argent pour le soulager, il luy dira qu'il n'a pas moyen de faire ce prêt gratuit, sans en recevoir quelques interêts rapportans aux profits que ses deniers luy rapporteroient s'ils étoient employez dans le commerce; ce pauvre pressé d'incommoditez, qui ne souffre poin de délay, n'y consent pas seulement, mais il luy en fait de tres-humbles supplications ; les interêts sont taxez, & ceux du premier quartier, ou de six mois , sont déja pris par avance sur le principal. L'Evangile dit là-dessus : Prêtez à celuy qui vous en prie, sans en tirer de profit. Pourquoy violer ce Commandement divin, non pas par occasion, mais par habitude & par une espece de trafic ? Si vous ne pouvez prêter le tout sans une notable incommodité, donnez au moins ce qui vous sera possible gratuitement, comme la loy du prêt, vous la signifie, & que Jesus vôtre maître, de qui vous tenez tous ces biens vous le commande : car n'est-ce pas une injustice qu'au lieu de soulager la misere, vous

384 LES FAUSSES OPINIONS
en tiriez du profit ? qu'en dormant & sans travail, vôtre argent vous apporte plus de nouveau bien, que ce pauvre n'en peut gagner à la sueur de son corps, & qu'ainsi il faille tous les jours prendre sur son fond, ce qui augmente le vôtre, & que sa misere soit le sujet de vôtre gain ? J'en laisse le jugement aux Docteurs, & aux consciences. Ne dites point qu'il a voulu ce traitté sous ces onereuses conditions, car en cela sa volonté s'est trouvée necessitée, comme dans une tempête à soulager le vaisseau par la perte des marchandises, quoyque précieuses; celuy qui les jette en mer, ne les estime pas tout à fait perduës, il en retient une secrete proprieté pour laquelle, êtant poussées sur le rivage, elles luy doivent être renduës, par celuy qui les a trouvées. Les interêts ne vous sont donc point acquis par un contract

Nonhabentur pro derelicto.

contrat que les loix n'authorisent point, par une volonté qui n'est point vraye, étant forcée. Ainsi vous êtes obligé à la restitution du bien mal acquis qui est entre vos mains, & vous devriez par raison vous en décharger, comme la mer pour se purger des naufrages, rend tout ce qu'elle peut des débris sur ses bords.

Enfin nos connoissances sont trompeuses, nos volontez sont souvent injustes, & en elles-mêmes, & aux secours qu'elles demandent aux autres, qui n'étant point possedée de la passion qui nous travaille, ont moins d'excuse devant Dieu & devant les hommes, s'ils s'engagent de sang froid dans nos desordres. Ils doivent toûjours juger qu'aucun n'est absolument maître de sa personne ; qu'il appartient à Dieu, qui l'a mis en cette vie comme en faction, dont il ne peut pas sortir s'il ne l'en releve.

R

il appartient à l'Etat, à sa famille & à ses amis. Il n'est donc pas maître de ses membres, comme dit la loy, & on ne doit pas ny le croire ny luy aider, s'il veut périr. On doit appliquer ces considerations à un sujet fort ordinaire dans le monde & que j'ay traitté plus amplement au lieu que je cite. L'amour est si naturel entre les deux sexes des bêtes, que les yeux, le nez & les oreilles le font connoître de loing, & les échauffent à une égale recherche. L'homme raisonnable est seul sensible à la beauté, qui est un vestige de la raison ; la voir c'est l'aimer, avec des complaisances d'abord innocentes, mais qui tombent bien-tôt du spirituel dans le sensible, particulierement si le Ciel par le rapport des naissances, cause entre les deux, des attraits de simpatie. Les suivre sans consideration des loix divi-

Non auditur perire volens.

Morale Chrétienne to. 2. part. 1. ch. 27. Les vaines excuses du pubeur to. 2. ch. 2.

nes & humaines, de la confcience & de l'honneur; ne voir que le prefent fans penfer à l'advenir, c'eft agir en bête, avec des tranfports même plus violens que la nature ne le permet: car depuis que la raifon a pris le party des fens, l'amour trouve un furcroît de forces & d'adreffes pour reuffir en tous fes deffeins, malgré ce qu'on y peut apporter de refiftance. C'eft un torrent impetueux qui ravage tout ce qui s'oppfe à fon cours; c'eft un demon perfide & deguifé qui prend le gouvernail d'un vaiffeau pour le conduire droit fur les brifans, où il n'auroit été jetté que d'hazard par les vents & par la tempête. La refolution de ces perfonnes paffionnées, eft de plus-tôt mourir que manquer à ce qu'elles fe promettent de joüiffance; elles ne confultent que des moyens propres à vaincre ce qui les peut empêcher. Elles y engagent l'honneur, les biens & la vie ; elles font gloire de leur endurcissement au mal, de leurs supplices, & de leurs flâmes, plus misérables que les demons qui voudroient n'être point condamnez à celles, où ils brûlent sans pouvoir mourir. Considerez l'infortune d'une pauvre fille abusée, comme la plus grande de toutes les autres dont son sexe peut être capable ; elle a fait perte d'une irreparable qualité, elle est perduë de réputation, indigne d'être recherchée pour un amour legitime ; suspecte de vouloir encore ce qu'une fois elle a voulu ; elle est la fable d'une Ville & d'un pays, la honte des honnêtes compagnies, un lamentable objet dont la presence renouvelle les pensées & l'histoire de ses malheurs ; un spectacle infame & public pour avertir les autres de n'y pas tomber. Un homme coupable de ce fait, peut-il avancer pour ses excuses, qu'il n'a pas contraint sa volonté, qu'il l'a laissé libre, & n'a fait que luy accorder ce qu'elle ne desiroit pas moins que luy ? La mer ne demande que ses libertez pour inonder toute la Holande, hé ! le crime ne seroit-il pas extréme de rompre les diguës qui l'arrêtent, & qui par un lamentable déluge fairoit perir un si beau pays, une infinité de biens & de vies. La poudre à canon est une matiere susceptible d'embrasement, & vous y mettez le feu ; la pudeur, la honte, la crainte d'un pere & d'une mere conservoit cette pauvre famille dans l'intégrité, vous luy donnez l'audace de franchir le pas, & de s'abandonner à la passion, dont vous avez fait naître les flâmes. Si la nature luy donnoit quelques secretes inclinatiõs à ce mal, elles fussent demeurées tranquilles sans aucun mauvais effet, &

n'eussent pas pû prendre ce cours, si vous ne leur eussiez donné la pente. La loy a donc grand sujet de dire que vos persuasions sont la cause de ses volontez, de ses désordres & de sa perte.

L. un. C. de raptu Virgin.

XXV. OPINION.

Opinions étrangeres.

LA Providence qui nous fait naître Citoyens du monde, nous donne l'inclination de sçavoir ce qui s'y passe, & qu'elles sont les Loix de son gouvernement, quoy-que quelques-unes éloignées de nôtre climat, nous paroissoient étrangeres. L'idée & l'inclination de se porter au bien est commune à tous les peuples; mais les objets ne sont estimez bons, qu'autant qu'ils sont propres & convenables à chacun, & s'ils n'ont un juste rapport avec la diversité des temperamens, qui viennent, selon Hypocrate, des lieux, de l'air, des eaux, des nourritures & des influences que le Ciel y verse. Des temperamens naissent les appetits, des appetits les oppinions, que l'imaginative se forme, que les genies dominans inspirent, que les Princes recommendables authorisent, que l'usage fait connoître utiles, & dont les Peuples ont depuis long-temps pris les habitudes. Or comme entre les choses materielles, les plus parfaites, approchantes plus du spirituel, se divisent en plus de parties, l'eau plus que la terre, l'air plus que l'eau, le feu plus que l'air, l'esprit plus que le sang, dont il s'éleve, l'or plus que tous les autres metaux ; ces opinions qui tiennent quelque chose de la raison, sont dans des inombrables differences. Ainsi quoy-que le droit naturel soit une lumiere commune à tous les hommes, & que

L. 6. ff. de inst. & jure.

Dieu le grave dans les ames quand il les met dans les corps, les peuples s'en servent, pour s'en écarter en certaines choses par des loix municipales, qu'ils estiment plus commodes & plus avantageuses à leur maniere d'agir.

De-là vient qu'en toutes les actions humaines, les histoires nous fournissent des coûtumes fort differentes & même contraires, de sorte qu'il n'y a point de faussetez si absurdes, qui n'ayent ses Autheurs, ny de crimes si abominables que les méchans ne tâchent de justifier par des instincts que la nature donne aux animaux ; & dont les libertins se feroient des loix si la justice & la raison ne s'y opposoit. Les Perses & les Egyptiens n'ont-ils pas authorisé les Mariages des pere & mere avec leurs enfans, des freres & des sœurs ; comme si les alliances du sang, de la nouriture, de la conversation, n'étoient que les preparatifs d'un parfait amour qui les devoit achever. On voit des monstres d'Afrique nais de differentes especes par les ardeurs d'une passion, qui comme le feu s'attache à toutes sortes de matieres, faute d'en avoir qui luy soient propres. Ces désordres se peuvent trouver entre les bêtes ; quand aux hommes je veux croire que ce qui se dit, des Faunes des Satyres, des Centaures, n'est qu'une fiction des Poëtes & des Peintres.

Quelques tendresses qu'ayent les Oyseaux pour leurs petits, & quelques soins qu'ils employent pour les élever, ils les abandonnent & les chassent, quand l'âge leur a donné la force de pourvoir à leur nourriture. Les Négres se font fait une coûtume de cét instinct, ils se déchargent de leurs enfans, avec profit; car ils les vendent, & du prix qu'ils en reçoivent, ils acheptent des heritages pour leur subsistance quand ils seront vieils, sans l'attendre d'une pieté filiale qui leur peut manquer. Les dernieres relations de la Chine nous apprennent que ces peuples s'asûrent de la réconnoissance dûë aux pere & mere en cas de nécessité ; que pour cét effet ils ne donnent point de dot à leurs filles, mais celuy qui en recherche une en mariage, fait au pere & à la mere un present de quelques immeubles, dont ils se conservent l'usurfruit pour toute leur vie. Crantius rapporte que la même coûtume fut autrefois en Danemarc & en Norverge, où le Marié futur sans recevoir aucun dot, faisoit un present considerable aux parens de la fille pour témoigner son amour & les obligations qu'il leur avoit de le recevoir en l'honneur de leur alliance.

Hist. de la Chine, liv. 2. c. 9.

Crantius. Vvandalia lib. 1. c. 3.

Tous les peuples qui ont connû combien l'education des enfans est importante au bien d'un Etat; se sont fait une coûtume de les élever dans une maniere de vie, auſtere, rigoureuſe, contraire aux plaiſirs où ſe porte ce premier âge, & où ſes forces s'abattent, ſi le travail ne les tient dans un exercice continuel, comme l'on conſerve une flâme ſujette à s'éteindre quand on l'excite par le mouvement. Il eſt certain que comme les naiſſances ſont plus vigoureuſes dans un grand hyver, parce que la chaleur ſe concentre dans les corps, & les fortifie contre le froid qui les inveſtit, qu'ainſi le cœur prend de plus fortes reſolutions dans les exercices qui demandent plus de travail. Ainſi les Allemans avoient coûtume, dit Galien, de recevoir les enfans nouveaux nez tous chauds, comme un fer au ſortir de la fournaiſe, & les plonger dans de l'eau, pour leur donner une trempe, qui repercutant la

Ariſt. probl. ſect. 81. q. 9.

Galen. lib. 1. de ſanit. tuenda.

R vj

chaleur au dedans, rendit les parties nobles plus puissantes, pour toutes les actions de la vie : Ensuite ils les élevoient parmy les Esclaves, aussi mal-nourris, aussi mal-vêtus, & dans les mêmes fatigues; de sorte qu'ils n'en étoient distinguez, que quand l'âge & la vertu les mettoit en état de leur commander. Les Lacedemoniens ne se contenterent pas de leur tenir les-mêmes rigueurs au vêtement trés-rude, & en une nouriture si grossiere, qu'elle rebutoit l'appetit des Etrangers. Les exercices de la course, de la luitte, du cheval & des armes, leur étoiët une petite guerre sans tréve; se leur étoit même une gloire de soûfrir de sanglantes flagellations devant l'Autel de Diane, sans aucune plainte, ni aucune marque de douleur : Vous pouvez voir plusieurs autres observations sur ce sujet au lieu que je cite.

Je fais état au reste en ce pe-

Tacit. lib. de morib. Germ.

Digesti sapien. to. 2. & supl. tit. cõ.

tit Traité de ne parler que des *trarie-*
opinions Etrangeres de nôtre *tas prin-*
France, neanmoins ce qui est com- *cipii.*
mun en un pays, se rencontre en *Initii.*
quelques sujets particuliers d'un *ritas*
autre. S'il est vray que toutes les *sub ini-*
parties du monde ont entr'elles *tiis.*
quelque rapport, qu'elles sont toutes composées de forme & de matiere, des quatre élemens ; que
la figure & le mouvement circu-
laire propre au Ciel se rencontrent en leur conformation, & en
leur maniere d'agir. Ainsi Theo- *Theo-*
phraste a remarqué qu'on trouve *phr.*
dans les hautes Montaignes tou- *hist.*
tes les diversités particulieres aux *plantæ*
divers lieux, & aux divers cli- *lib. 3.*
mats de la terre, des plaines & *c. 3.*
des élevations, des seicheresses &
des humiditez, des aspects froids
& chauds, sombres & éclairez;
aussi toutes sortes de fleurs, de
plantes & d'animaux y peuvent
naître, parce qu'elles regardent
l'Orient & l'Occident, le Midy

le Septentrion qui font les quatres parties du monde, dont elles reçoivent les influences. Confultez les Regiftres de la Juftice dans Paris, vous y trouverez la punition des crimes, qui ont été les vertus de certains peuples, du larcin & du rapt, qui furent permis en Lacedemone; de l'incefte reçû chez les Perfes ; de la Poligamie que tant de peuples aprouvent encore aujourd'huy; la Loy univerfellement reçûë, nous deffend ces chofes, néanmoins la paffion de quelques particuliers échappent de cette contrainte pour fe mettre dans la liberté de fes inclinations, comme l'air né dans les concavitez de la terre, en fort avec de grands efforts pour s'élever dans le lieu qui luy eft propre. L'amour, l'ambition, l'avarice, la vengeance, la force qui veut dominer font des paffions animales, qui fe rencontrent dans les hommes de tous les pays, comme les mêmes instincts se remarquent par tout le monde dans les animaux d'une même espece. Il n'appartient qu'aux graces divines, dont la Religion Chrétienne nous fait part, d'éteindre ou de moderer la violence de ces transports. Quoyque la malignité des Astres dominans, que la mauvaise conduite des Princes & que les pernicieuses habitudes des peuples causent en certains lieux de plus grands désordres qu'aux autres; par tout les familles nobles & populaires se plaignent de l'honneur qui leur est ravi par des amours illicites.

Les peres avoient autre-fois une puissance absoluë sur leurs enfans, jusqu'à leur pouvoir ôter la liberté en les vendant comme esclaves, & s'ils manquoient à leur devoir, les punir de mort par un jugement dernier. On crût que l'amour naturel qu'ils avoient pour ces cheres produ- *Bodin. Reip. lib. 1. cap. 4.*

tions & pour ces seconds eux-mêmes, étoit un correctif assez considerable de cette grande puissance, pour empêcher qu'elle ne passât jusqu'à des excez contraires à la justice, néanmoins l'amour inégal d'un pere pour ceux qui sont également ses enfans; cét amour si ardent pour quelques uns, si refroidy pour les autres, pour des motifs plûtôt sensibles que raisonnables, obligea les loix d'y apporter quelque reglement, comme d'ordonner que les enfans ne pourroient être exheredez sans de legitimes sujets; qu'un pere ne les pourroit vendre pour ses necessitez domestiques, ou que si elles étoient extrêmes, ils pourroient les rachepter, sans que la servitude precedente fit tort aux droits de leur premiere ingenuité. La France qui ne souffre point chez elle d'esclaves, quoy-qu'Etrangers, est fort éloignée de cette barbarie, d'ôter

Tot. tit. C. de inoff. test.

L. 2. C. de patrib. qui fil. distraxe.

aux enfans la liberté que la nature leur donne, d'employer à leurs usages particuliers, des personnes que la Republique a déja comptez comme siennes, & qu'elle a mises au nombre de ces Cytoyens. Il est vray, nous ne sommes point dans les cruelles pratiques des Négres, dont nous avons parlé ; mais une mere ne vend-elle point sa fille, quand elle l'expose aux yeux & aux passions de ceux qui ne peuvent voir une belle fleur, sans l'aimer, ny l'aimer sans la cueillir ? Une petite faveur, l'esperance même incertaine de l'obtenir, sont le prix d'une perte, de quelque côté qu'on la considere, irreparable. Un Pere ne vend-il point le fils que Dieu luy donne avantagé des plus rares qualitez du corps & de l'esprit, quand pour en tirer de la gloire, il le jette dans les vanités, dans les perils de la Cour, plus grands que ceux de la guerre.

dans des conditions qui ne subsistent que par des coups de mauvaise foy, qui n'avancent que par des chemins couverts, & causent une infinité de ruïnes s'ils s'en promettent quelque profit? Il n'importe à ce pere ambitieux, que ses enfans deviennent esclaves des vices, qu'ils y perdent & le corps & l'ame, qu'ils y courent tous les hazards de la fortune, & du caprice des grands, que leur vie se passe, & se termine dans le désordre, pourveu qu'il en reçoive de l'honneur, & que l'histoire parle avec quelque estime de son nom. Quand ces enfans seront devant le Thrône de Dieu pour luy rendre compte de leur conduite, ne diront-ils pas Seigneur, ceux que vôtre providence nous a donné pour peres & pour directeurs de nôtre jeunesse, ont été les meurtriers de nos ames; ils nous ont fait les victimes de leurs passions, vous nous avez ordonné de leur obeïr, hé! leurs commandemens nous ont débauché de vôtre service. Dieu de toute misericorde, que vôtre amour infiny pardonne ces fautes humaines, qui ne sont faites que par amour.

On se trouve ordinairement engagé dans ces malheurs, & on en fait les plaintes trop tard, quand il n'est plus temps d'y donner remede, parce qu'on arrête seulement sa vûë sur le present, on remarque ce qui se fait, non pas ce qui se doit faire, on se trouve enveloppé dans les fausses opinions, parce qu'on n'en a pas bien préveu les suittes, & que les experiences des autres ne nous ont pas fait assez sages. Les Romains envoyérent les plus éclairez de leurs Senateurs en Grece, pour observer les manieres de gouvernement des diverses Republiques, qui étoient lors florissantes, & qui en paix & en guerre, se disputoient la palme de la sagesse & de la generosité. Ces espions de bonne foy, ces doctes ignorans, qui aprenoient de chacun pour être les maîtres de tous, en recûëillirent les Loix des douze tables, qui fûrent le fondement de leur droit civil, depuis devenu presque commun, comme celuy de la nature, universel comme leur Empire qui ne ceda qu'à celuy de Dieu. Je croy de même que la curiosité ne seroit pas seulement belle, mais nécessaire & sainte ; qui observeroit dans l'histoire de tous les peuples, les opinions & les pratiques qui ont eu cours entr'eux & quels en ont été les succez ; afin de juger des nôtres par comparaison, & pour ne pas suivre des routes décriées par une infinité de naufrages. Sparte se servit avantageusement des festins publics, où l'on messoit les jeunes gens avec les vieillards, pour

Xenoph. lib. de Re-pu. Lacede.

DU MONDE. 405
les tenir par respect dans la modestie, & puis pour donner sujet aux beaux esprits de se produire, & de jetter quelques éclats de lumieres qui les fit estimer capables des grands Employs. Les peuples du Nord se sont servi des festins, pour r'allumer des affections refroidies dans la poursuitte de quelques interests particuliers; pour en éclaircir les difficultez par l'entremise des amis communs, & dissiper tous les nuages de la douleur & de la mélancolie, par les joyes que l'esprit reçoit dans une agréable conversation, & les sens dans un service delicieux. Il est vray qu'on peut passer à la table jusqu'à des excez de bouche qui ravissent la meilleure partie du temps, qui abrutissent l'esprit, qui chargent le corps de milles infirmitez, & en abregent la vie ; mais des meilleures choses, l'usage en peut devenir mauvais, s'il n'est pris dans

Olaus. mag. rer. Septent lib 16. c. 16.

une juste mediocrité & si l'on ne porte la main au tizon du côté qu'il ne brûle point. Du mal la prudence en tire le bien, comme la chimie fait entrer dans ses plus puissans remedes, les matieres qui n'étant pas bien preparées, sont mises au rang des poisons.

XXVI. OPINION.

Chacun doit aux yeux du peuple & à sa propre réputation, des apparences dont il ne peut pas toûjours avoir les veritables sentimens.

LA providence divine a voulu que la nature travaillât sur les matieres métaliques, sur les pierreries, & en la formation des animaux dans les lieux cachez; de sorte que ses manieres d'agir ne pouvant être découvertes, ny par nos sens, ni par les conjectures de nôtre raison, elles nous demeurent inconnûës. Peut-être cela se fait pour empécher que nôtre curiosité ne censure ses ouvrages dans l'imperfection de leur commencement, qu'elle n'en arrête les progrez, qu'elle n'entreprenne d'y adjoûter ses inventions, & d'y faire des nouveautez qui les convertiroient en monstres. La souveraine sagesse a mis de mêmes nos pensées entre les choses invisibles aux yeux de nôtre prochain; & nous accorde cette retraite interieure, où nous avons une plaine liberté de déliberer tout à loisir sur les resolutiõs qu'il nous faut prendre, aprés avoir entendu sur un sujet, tout ce que la raison & les passions nous y peuvent representer. Certes si les craintes, les défiences, les jugemens temeraires qui ont longtemps occupé l'esprit se pouvoient voir comme les traits d'un visage, il n'y auroit point de patience qui ne s'en tint offensée, ni d'amitié qui ne se changeât en aversion. Sans donc prétendre d'aller dans l'interieur, dont l'entrée nous est interdite, nous devons faire un favorable jugement de chacun, quand les parolles & les actions nous en donnent les assurances, car elles sont les fidelles truchemens du cœur, dont la nature se sert pour nous faire entendre son langage, qui autrement nous est inconnû. Le commerce de la societé civile, des emplois & des amitiez ne s'entretient que par ces témoignages reciproques de bien-veillance, par des offres, & des bons offices qui previennent les nécessitez & les demandes. Un homme qui s'acquitte de tous ces devoirs d'un bon Citoyen & qui donne à l'Eglise toutes les preuves qu'elle luy demande de sa foy, est dans une estime commune de probité, & la merite de tous les esprits raisonnables, quand il agit de la sorte : car en cela le doute & la défiance

défiance l'offenseroient en la partie qui luy est la plus sensible.

Ce n'est pas que la courtoisie ne puisse expliquer ses bonnes volontez par des parolles qui les exagerent, & qui passent un peu, les sentimens qu'on en a; car elles ne trompent personne dans l'usage, maintenant reçû de ne les prendre pas pour des promesses, ny pour des obligations: Ce n'est pas aussi que si l'on garde la modestie dans l'Eglise, & qu'on y donne les marques exterieures de dévotion, pour édifier le prochain, on ne soit sujet à n'avoir pas toûjours l'esprit aussi tranquille que le corps, & à ne pouvoir arrêter les saillies de l'imaginative, de cette faculté, petillante, volage, indiscrete, parce qu'elle est animale, ainsi non-sujette à la raison. Les transports peuvent être innocens, parce qu'ils sont involontaires, & qu'ils donnent aux plus saintes ames des peines qu'il

S

leur faut vaincre avec des combats, & des generositez qui ne sont pas sans merite; mais d'agir en cela de propos déliberé, & se faire habitude de paroître fort recüeilly dans l'Eglise, cependant qu'on donne à son imagination & à son esprit tout ce qu'il demande de liberté, pour voir, dire, & faire interieurement tout ce qui leur plaît, c'est un sacrilége & abominable hypocrisie dont Dieu seul, qui en connoît les excez, les peut condamner à ce qu'ils meritent de peines: Ainsi manquer à d'autres devoirs de religion envers Dieu, & de charité envers le prochain, par quelques inconstances de l'esprit, par les déreglemens d'une passion qui le débauche de son devoir, qui pour un peu de temps luy met le bandeau dessus les yeux, & le ravit à luy-même, c'est une foiblesse humaine qui sera suivie d'un repentir, & qui peut obtenir son pardon de Dieu, par les larmes de la penitence; mais prendre cette ferme resolution de ne donner aucune créance à la loy Chrétienne, en ce qui est des mœurs ou de la foy, en porter le masque, en faire toutes les postures, sans en avoir aucun sentiment interieur, c'est une formelle impieté plus criminelle de ce qu'elle est ainsi déguisée; c'est l'abomination des abominations, c'est un peché contre le saint Esprit, une malice endurcie comme celle des demons, qui réfuse les misericordes de Dieu, & qui se forge elle-même les chaînes de son éternelle condamnation.

Ce malheur ne s'arrête pas seulement sur les coupables, il s'étend sur les innocens, il a des suittes presque infinies, quand ceux qui commandent aux peuples, se gouvernent par cette maxime, que les apparances de la probité & de la religion leur sont necessaires, les veritables sentimés incommodes aux libertez de l'esprit, & à l'avancemét des affaires. Cela suppose qu'il n'y a point de religion, qu'il n'y a point de Dieu qu'on doive adorer, dont on doive esperer les graces, par les bonnes œuvres, ou apprehender la justice pour la punition des mauvaises. Or ôtez la créance & le sentiment de Dieu des ames que la puissance temporelle a mis au dessus des Loix, leurs interêts & leurs passions y tiendront le lieu de la Justice ; que si les ardeurs de l'amour, de l'avarice & de l'ambition, croissent comme celles du feu, plus elles rencontrent de matiere : il faut que le Prince finisse avec son peuple quand il l'aura consumé. De quelques déguisemens qu'on se serve, la verité de ces maximes pernicieuses se fera bien-tôt reconnoître, sur tout lorsqu'une puissance absoluë n'alleguera plus que sa volonté pour raison, & qu'ayant les forces en main, elle négligera les feintes & les couvertures qui n'appartiennent qu'à la foiblesse. Si le peuple prend les mœurs du Prince, s'il se forme sur cét exemplaire, comme il arrive ordinairement; s'il n'y a plus de conscience & de bonne foy; s'il n'est plus question que de violer les Loix, & corrompre la Justice, pour emporter impunément ce qu'on souhaite; si le Juge croit que tout ce qu'il peut luy est permis, quel sera le désordre d'un Etat où ses parties depuis les plus grandes jusqu'aux moindres, concourent jusqu'à sa ruïne ? Certes l'injustice, les violences, qui causent la désunion des cœurs, donnent de grands avantages aux ennemis, & sans entretenir des pensionnaires dans les Conseils, sans les espions & les Ambassades, sans courir la fortune des combats, sans les mines, & les canons, il voit de grandes bréches qui l'attendent, & qui favorisent tous ses desseins; aussi le Secretaire Florentin qui a donné cours à cette impie & furieuse politique, avoüe luy-même par les exemples qu'il en rapporte, que les suittes en sont funestes, & que des pratiques si violentes ne seroient bonnes qu'entre des peuples & des ennemis insensibles à leurs interests qui manqueroient d'yeux pour les voir, de cœur & de mains pour les deffendre. C'est l'oracle du Prophete, que si Dieu ne bâtit, & ne conserve une Ville, elle perira, quelque force & quelques adresses qu'elle employe pour se conserver. Il faut une forme substantielle d'une condition plus relevée que celle du corps pour l'animer, pour tenir les qualitez élementaires dans l'union, quoyqu'elles soient ennemis, & les rétablir quand elles sont alterées.

Il faut qu'un Etat ait sa Religion comme une forme divine dominante qui le maintienne contre l'inntereſt particulier dont chacun ſe ſent poſſedé, & ſi le Prince manque à ce devoir, c'eſt une tête malade, ſous qui les membres ne peuvent avoir de ſanté ny de vigueur.

XXVII. OPINION.

Toute injure doit ſatisfaction, la plus prompte eſt celle qu'on prend par ſes propres mains.

LEs relations qu'on nous fait du Canada & de l'Amerique nous aprennent que les ſauvages de ce pays-là paſſent leur vie dans une liberté naturelle, ſans Prince & ſans Loix, ſeulement dans des manieres d'agir, dont ils ont pris d'eux-mêmes les habitudes. Une des plus remarquables, eſt que les deſcendans de même famille, ont leurs cabanes en même lieu, qu'ils ſe frequentent, qu'ils ſe ſecourent en leurs néceſſitez, & que ſi quelqu'un d'eux reçoit quelque grande injure, ou eſt tué par un étranger, le plus ancien aſſemble tous les alliez, & les anime à en tirer la vengeance. Ils mettent en cela tout leur point d'honneur, à ne jamais pardonner à un ennemi déclaré, comme ſi c'étoit une marque de crainte ou d'impuiſſance, & n'être pas moins irreconciliables en leurs averſions, que l'eau & le feu le ſont en leurs qualitez. C'eſt à leur avis ſuivre la loy de la nature qui fait entrer les choſes contraires dans le combat, toutes les fois qu'elles viennent à la rencontre, & ſi elles ne ſont pas en état de ſe détruire, elles ſe recompenſent des torts qu'elles ont reçû, par d'égales & non moins violentes uſurpations. Ainſi la Mer & la Terre s'envoyent reciproquement des vents qui les troublent & les incommodent; ſi les eaux inondent quelque-fois nos terres, les vents, les pluyes, les torrens & les fleuves, jettent quantité de terres dans les abisnes, de sorte que comme on voit des rivieres, des lacs, & des mers au milieu des terres, on voit des Isles, & des terres habitées au milieu des Mers : Comme si la nature faisoit une égalle compensation des injures que ces deux grandes parties du monde ont reçû l'une de l'autre ?

Velut paria, secum facientes tena- tura. Plin. lib. 2. c. 86.

Les pierres & les bois ne se deffendent des injures exterieures qu'on leur peut faire, que par une consistence dure & solide qui n'en reçoit pas facilement les impressions. Mais les animaux ont des vivacitez agissantes, pour se conserver & pour s'accroître, la force tient entr'eux l'Empire, & qui a la plus grande fait de plus grandes usurpations, impunément & sans rétour; le gros poisson, fait sa proye du moindre ; le Lyon du Chien, l'Aigle de la Poule; ces

S v

petites vies perissent avec quelque sorte d'avantage, quand elles passent en une plus noble, comme quand les fontaines se vont perdre dans les fleuves, les fleuves dans la Mer, la lumiere des Etoilles, dans celles du Soleil. Les elemens sont pieces distinctes & nécessaire à l'harmonique disposition du monde ; de sorte que comme en nôtre corps, ainsi en ce grand tout, une partie ne peut pas servir d'aliment aux autres, parce que le deffaut d'une seule, osteroit l'ordre, la liaison, la beauté & la subsistance de toutes, il faut donc que leur commerce s'entretienne par des loix si équitables, & par de si justes compensations, que la légalité y soit toûjours conservée, sans que l'excéz ou le deffaut y soit remarquable. Or chaque homme particulier est un petit monde dans le grand, sa vie & ses interêts sont aussi d'une telle consequence, qu'ils ne peuvent être offensez impunément, & que les dommages qu'il soûfre demandent une compensation, conforme aux regles de la justice. Quand nous recevons une injure, la nature qui nous en donne les sentimens comme les témoins, la raison comme le Juge, pour en connoître & la condamner, nous presente aussi-tôt les mains comme des ministres pour en faire l'execution; néanmoins une procedure si prompte, n'est quelque-fois ny possible ny avantageuse. Car ordinairement c'est la foiblesse qui est offensée par une plus grande force, que si au lieu de luy ceder, elle l'irrite par une opiniâtre resistance quoyqu'abattuë & affoiblie, ce n'est pas le temps de demander la réparation d'une injure, à celuy qui est en état d'en étouffer les plaintes, avec le reste des forces & de la vie. Mais supposons que l'offensé ait le plus de force, l'indignation qu'il conçoit d'être offensé par celuy qu'il estime son inferieur, & les transports de sa colere le rendent un tres-mauvais juge en une cause qui le touche de si prés, & ses sentimens, sont des faux-témoins, ausquels il ne doit donner aucune créance; parce que dans ces premiers mouvemens qui mettent la raison en interdit, qui la troublent & qui l'emportent, les moindres petites indiscretions paroissent des crimes, que la main legere d'un plus puissant puniroit de mort. Le procedé des Sauvages est donc trés-injuste, s'ils prétendent que la nature leur donne le droit de tirer raison des injures par leurs propres mains, ou si-tôt qu'ils les ont reçûës, dans la chaleur de la colere, qui en corrompt le jugement, ou aprés quelques remises, lorsque les diverses passions prises des circonstances particulieres du fait, du passé, du present, & de l'avenir, d'une étincelle en ont fait une incendie. Prendre ces mauvaises libertez dans le commerce des hommes & dans la societé civile, c'est la ruïner, car c'est y faire regner la force, au lieu de la justice, comme entre les animaux, & comme si nous n'étions plus raisonnables, ne reconnoître pour droit que la violence. Enfin ce geant, ce lyon, cét homme né pour la destruction des autres ne peut pas long-temps tenir contre une multitude offensée, tous joignent leurs forces pour se conserver, & pour se mettre en liberté par la défaite d'une puissance qui croist toûjours comme le feu, plus il trouve de matiere, si on ne l'étouffe, quand ce seroit même par des ruïnes.

Aussi tous les sages qui fûrent choisis par les peuples pour Princes, receurent avec le Sceptre, les loix fondamentales du gouvernement, qui mettent des bornes à la puissance; ils se sont soûmis eux-mêmes à la Justice, & n'ont jamais permis à aucuns d'être juges en leur propre cause; mais ont generalement obligé toutes sortes de personnes de suivre le sentiment des Magistrats, qui sont les oracles du droit écrit & des Loix vivantes. Tous les Royaumes, tous les Gouvernemens bien policez gardent ces ordres, par un consentement universel, car chacun se trouve obligé par interest, de mettre ses biens, son honneur, sa vie, sous la protection d'une puissance publique contre les efforts d'une temerité, & d'une audace particuliere. Quoy-que ces ordres soient generalement établis, quoy-qu'il faille manquer de raison, pour n'en pas réconnoître la justice, néanmoins on voit toûjours quelques personnes qui veulent venger leurs querelles par des duels, par des assassinâts, par le poison; & si la crainte de la loy les empêche d'en venir jusqu'aux effets, ils se conservent dans les inimitiez secretes & irreconciliables, quoy-qu'elles gesnent leurs ames, comme celles des damnez, par une douleur, & une mort immortelle.

Vôtre ennemy a, dites-vous, contenté sa passion, en vous faisant d'un sens rassis une injure, il l'a goûtée, & en a receu du plaisir; il faut de même que vos sentimens soient satisfaits, par la raison que vous en tirerez de vos propres mains, vous voulez contenter vos yeux, & vôtre animosité, en le voyant tomber à vos pieds, rendre les derniers soûpirs d'un cœur qui n'avoit respiré que vôtre ruïne, & perir dans le défespoir, sous des forces qu'il pensoit abattre? Vous voyez bien, que ces transports éloignez de l'humanité, qui se plaisent au sang & à la défaite de l'homme, qui disposent d'une vie que Dieu vous témoigne luy appartenir; & qui veulent ravir à une famille innocente, à l'Etat, au monde, & pour toûjours, une personne; parce que pour peu de temps elle ne se sera pas trouvée conforme à vos desseins. Vous voyez bien que ces emportemens sont excessifs, & tres injustes que la loy qui s'y opopse, n'empêche pas tant vos contentemens, que vos crimes, & ne fait que vous arrêter quand vous courés au précipice. La haine que vous portez à vôtre prochain, vous fait perdre l'amitié de Dieu, elle est une mort pour vôtre ame; elle vous empêche de vous presenter devant son trône, pour luy demander misericorde, parce que vous ne la faites pas à vôtre frere. Quoy l'ame raisonnable à qui tous les objets doivent representer quelques perfections de Dieu, qui ne doit être occupée qu'à recevoir ses lumieres & ses graces, à le loüer & à le bénir, sera-elle continuellement remplie de ces noires, furieuses & parricides pensées de vengeance, puisqu'en effet elles donnent la mort au même cœur qui les produit? Cependant que ce miserable ramasse tout ce que le passé, le present & le futur ont d'aigreurs pour justifier ses émotions, cependant qu'il forge mille criminelles entreprises qui luy font à luy-même horreur, & que tous les accidens possibles qui le peuvent traverser, ou découvrir, le tiennent en crainte; cependant que comme l'Athna le Vesuve il se consumme interieurement de ses flâmes devant que les vomir au dehors, son ennemi qui n'y pense pas, & qui n'en reçoit aucun dommage joüit tranquillement de la paix, de ses biens, & de la vie. Ainsi les pernicieux desseins de vengeance contraires à la raison, aux loix divines & humaines, ressemblent aux armes à feu mal-ajustées, qui sans porter plus loin, en se crévant fracassent seulement les mains qui les tirent. Les effets qu'on en prêtent sur les autres sont incertains, les inquiétudes qu'ils donnent à l'ame infaillibles, les succez ordinairement funestes, & mal-heureux pour celuy qui les entreprend ; n'est-il donc pas meilleur de se resoudre à la patience, & étouffer les injures par une prudente dissimulation ? Un Philosophe se met en état de ne les point ressentir, pour n'avoir pas tant de peine à les pardonner, & pour des extravagances des autres, n'en faire point le sujet de ses pensées, il laisse aux méchans la charge de se punir par eux-mêmes & aux Magistrats & à leurs officiers d'en faire les exécutions. Le sage est une personne sacrée, dont ny l'esprit ny les mains ne se doivent pas fallir par des négoces de sang. Le Chrétien aime mieux perdre les biens, l'estime des hommes, & tous les interêts de la fortune, que la charité, & que la sainteté qui le rendent semblable à Dieu, qui le disposent à recevoir ses lumieres, ses graces & cette bien-heureuse paix de conscience, que le monde ne peut donner.

XXVIII. OPINION.
Les vengeances qui sont secretes, ont été tenuës de quelques peuples comme les plus justes.

LEs Sauvages, ne font pas ordinairement la guerre à leurs ennemis à force ouverte, ni par de grandes troupes rangez en bataille, parce que leurs émotions n'étant guere qu'entre des familles liguées l'une contre l'autre, ils n'ont pas ny le nombre des combatans, ny l'art militaire pour suivre les ordres que nos Generaux donnent à leurs armées. Comme les injures dont ils poursuivent la vengeance, les ont offensez, quand ils y pensoient le moins, en des temps, & en des rencontres où ils n'étoient pas sur la deffensive ; ils croyent avoir droit d'user de surprise ; & de choisir les occasions pour se recompenser de ce qu'ils ont soûfert de dommages, sans courir fortune d'en recevoir de nouveaux. Ils voudroient pouvoir se rendre invisibles pour porter infailliblement leurs coups sur leurs ennemis, les abattre, les dépoüiller sans resistance, par un bras qui ne parut point. Ces barbares font donc leurs courses & leurs butins durant la nuit, comme les bêtes de rapine Il ne s'agit lors, que de prendre leurs interests, avec toutes les sûretés, & tous les avantages possibles, où la prudence est lors plus neceffaire que le courage. Le lyon, avec tout ce que la nature luy donne de force, ne laiffe pas d'employer les rufes pour prendre fa proye, quand il l'épie de fa caverne, qu'il s'y tient couvert, qu'il arrête fes rougiffemens, crainte qu'elles ne prennent la fuitte; s'il la peut joindre, il la tourne pour remarquer l'endroit où elle a le moins de deffenfe, afin enfuite de bondir & fondre deffus; le chat a bien plus de force, que la fouris qu'il veut attraper, néanmoins ce nous eft tous les jours un nouveau plaifir, de voir comment il fe cache, s'abaiffe, fe contraint, fe gliffe, s'avance par un mouvement prefque infenfible, & quand il vient aux approches, il fait feinte de l'attaquer d'une patte; afin que comme elle tâche de s'en fauver, elle tombe deffous l'autre qui l'attend. Il eft certain que les animaux épargnent leurs forces, & qu'ils ne prétendent pas seulement du profit, mais qu'ils se donnent même du plaisir en leurs chasses, par les addresses qu'ils y employent. Nous les imitons en cela, & nos guerres n'auroient pas ce qu'elles ont d'attraits pour les grandes ames, si outre les perils, où elles peuvent déployer leurs courages, l'esprit ne trouvoit mille occasions de tromper son ennemi, & malgré toutes ses sentinelles, & ses deffences, avoir de quoy rire, de le voir pris au piége qu'il n'avoit pas découvert. Ces fraudes contre des ennemis déclarez sont innocentes, parce qu'elles épargnent le sang humain, qu'elles gaignent sur les esprits des victoires, qu'autrement on ne pourroit emporter, sans perdre une infinité de vies précieuses aux familles & à l'Etat. Les plus sages gouvernemens, ont prisé beaucoup ces stratagemes, qui donnoient au Prince tout l'honneur d'une victoire, qu'autrement il luy eût faillu partager entre ſes Capitaines & ſes Soldats, ſi l'affaire ſe fut terminée par la violence des armes. Ces vengeances qui ſe font avec ſurpriſe, dans les rencontres dont nous venons de parler, ſont donc les moins criminelles de toutes, parce qu'elles ſont les plus humaines, qu'elles s'exercent pour un interêt public, qu'elles ſont des remedes les plus doux & les plus prompts qu'on puiſſe apporter à des paſſions, qui ſans cela auroient des ſuites plus funeſtes & plus lamentables ; elles menacent long-temps devant que frapper ; elles ne trompent que des ames trop credulles, & qui ne ſçavent pas qu'on doit tout craindre dans des terres ennemies.

De ces manieres d'agir dans une cauſe publique, où le pardon des injures n'eſt pas toûjours ni possible ni convenable, on voit des peuples Chrétiens, au reste prudens & bien policés, qui tirent des consequences tres-dangereuses en ce qui regarde l'interêt particulier. Car de-là ils se persuadent d'avoir droit de se recompenser par leurs propres mains, des torts qu'ils disent leur être faits, d'en tirer ce qu'il leur plaît de vengeance par des assassinâts, par des poisons, & faire perir autant de vies, par ces secretes animositez, que les stratagemes de guerre, & les traitez de paix en épargnent à l'Etat.

En France les braves ne cachent point les injures qu'ils ont receuës, parce qu'ils se promettent d'en tirer si bien la raison, que leur honneur n'en restera point blessé, & que les plus austéres Censeurs en ce point, en demeureront satisfaits: Leur gloire consiste à faire voir, qu'ils ne peuvent être offensez que par trahison, hifon, & que qui l'entreprend, aura fujet de s'en repentir, fi dans ces rencontres, ils tiennent leurs deffeins couverts, c'eft pour empêcher que l'intervention des amis & des Puiffances ne les défarme, & ne les contraigne de plier fous les froides conditions de l'accommodement qu'on leur propofe. Cette homicide vanité felon le monde, ne s'accorde point avec la loy de la confcience & de Jefus-Chrift. C'eft un aveugle défefpoir d'offenfer Dieu, de perdre à jamais fon ame, pour fauver un faux honneur qu'ils efperent, & que le fort des armes, leur fait fouvent perdre dans l'opinion des hommes. Mais les malheurs qui naiffent de-là font moindres, que des perfidies, que les lâches ont confertez à loifir, & qu'ils exécutent une fois, aprés les avoir commis dix milles autres, avec des volontez homicides toutes réfoluës, qui

T

ne déliberent que des moyens, & qui n'en attendent que les occasions. Ils cachent leur hayne, crainte que leur ennemi n'en previenne les effets, & que n'étant pas sur ses gardes, ils trouvent moins de difficultez, & moins de peril en leurs entreprises.

Au reste dans ces pays où la coûtume est de tenir ses inimitiez & ses vengeances couvertes, un homme n'a pas seulement pour son ennemi, celuy qui l'offence en ses biens, en son honneur, en sa vie; mais tous ceux qui peuvent tirer profit de sa perte, qui conçoivent une envie secrete de ses progrez, qui se promettent une dignité qu'il occupe, un party avantageux qu'il recherche. Cependant cét ami déguisé, se mesle dans les compagnies, avec toutes les apparences d'honnête homme, & toutes les protestations de service. Il apprend dans les entretiens, les desseins & les progrez des familles, qui le gesnent; quoy-que sa bouche leur donne des complaisances, & qu'en son cœur il se propose de les traverser, par tous les moyens possibles, aisez à ceux qui n'y plaignent point l'argent. C'est le grand malheur de ces regions où regne la perfidie, que les assassins y sont à gage, chacun les connoît, tous les craignent; comme les bourreaux de leur vie, ceux qui s'en sont servis, comme des témoins, & des complices qui les peuvent perdre, si la justice en est informée. Quelle lâcheté de les souffrir & de laisser ces armes à toutes les mauvaises volontez resoluës de les employer ? Les Régistres sont chargez de mille assassinats, qui se seront commis en moins de deux ans dans une ville, & sont demeurez impunis, parce que la recherche n'en est pas seulement difficile, mais perilleuse; & que contre l'ordre du gouvernement, la Justice craint les criminels. La vie n'est-elle pas bien miserable qu'il faut passer entre des ennemis déguisez, qu'on ne peut ny connoître, ny éviter? Si l'on fait le bien, & si la providence donne quelque bon succez aux affaires, quelque nouvel éclat à la vertu, la malignité, l'envie & l'ambition, tâchent de vous l'enlever du monde, comme un empêchement à leurs desseins; que si l'innocent se met sur la deffensive de ses droits, les vengeances de ses ennemis seront sans mesure & sans retenuë. Galien avoüe que la medecine n'a ny remedes ny methodes pour guerir les picqures de certains serpens dont la substance est directement contraire à la nôtre, parce qu'on ne sçait pas en quoy consiste cette naturelle antipathie. Icy l'on sçait les causes qui donnent sujet aux méchans d'attenter à la vie qu'ils veulent per-

Galen. lib. 13. method c. 6.

dre, mais les resolutions qu'ils en prennent sont secretes, & les motifs si cachés, soit que vous faisiés le bien ou le mal qu'on, ne les peut éviter. Certes il vaudroit mieux se reduire à la condition sauvage des premiers siécles, que d'entrer dans une societé civile, où tous les jours les droits de l'amitié sont violez, où malgré les alliances du sang & de la nature, toutes les personnes doivent être suspectes, où il faut toûjours être en crainte & en défiance, comme entre des scorpions, des aspicts & des viperes qui s'irritent pour peu qu'on les touche, & vous donnent le coup de la mort. Ce sont là les extremitez où les vengeances secretes ont reduit le monde d'en ôter toutes les douceurs de la vie, de les changer en crainte & en deffiance, de désarmer la justice, mettre la force & la violence en sa place ; exposer toutes les vertus à la mercy des passions, les plus éclatans merites à l'envie, les generositez toûjours victorieuses dans les combats, à perir par les perfidies de la crainte, & deshonorer doublement l'état par ces méchancetez & ces pertes irreparables.

XXIX. OPINION.

De plusieurs chemins on prend le plus seur, quoy-qu'il ne soit pas le plus court ny le plus beau.

LA seureté qu'on cherche dans les chemins, est une prévoyance des perils qui menassent les deux plus tendres objets de nôtre amour naturel, les biens & la vie que la violence nous peut ravir, soit que nous soyons seuls, ou en compagnie. Il ne faut donc pas tant considerer les commoditez, les profits, & les délices qu'on peut recevoir dans les voyages, qu'à se deffendre des dangers que chacun court hors de sa famille & de sa maison, qu'il a pour une retraite aseûrée. Ainsi les petits oyseaux, hors de leurs bocages, sont dans une agitation continuelle de tête & des yeux, pour découvrir le voleur qui fond sur eux sans misericorde, si de loin ils ne prennent leur avantage, pour éviter sa violence. Les lapins, les renards, les loups, les cerfs, hors de leurs forêts & de leurs terriers, d'où la faim les chasse, prennent le temps de la nuit, se glissent le plus qu'ils peuvent à couvert, courent plûtôt qu'ils ne marchent; toûjours en crainte de leurs ennemis. Il est vray, c'est un grand plaisir d'être sur mer sous un bon vent, d'être tirez en diligence où l'on veut aller, par des forces invisibles, de faire un grand chemin en répos, sans agitation, avec les tranquillitez qu'on peut souhaiter de corps & d'esprit, pour l'étude, pour l'entretien, pour les festins, pour la musique, qui couronne & acheve là les délices des autres sens. Néanmoins Caton le plus sage des Romains, déja fort âgé, & faisant reflexion sur sa vie passée, se répentit d'avoir fait voyage sur l'eau, qu'il pouvoit entreprendre par terre; même avec les agitations lassantes & importunes du cheval & du carosse : car la mer qui nous flatte par son calme, quand elle se frise en petits flots, pour nous faire autant de miroirs des beautez du Ciel, est sujette à changer de face, en un moment; de belle, elle devient furieuse, elle brise, elle fracasse, elle renverse & elle ensevelit dans ses abysmes, les vaisseaux qui se joüoient dessus elle, & qu'elle portoit comme en triomphe, avec les fanfares de leurs trompettes. C'est pourquoy Bias consideroit ceux qui s'embarquoient comme s'ils quittoient leur propre élement, pour se mettre à la mercy d'un étranger, le sujet & le confident de la fortune, sous laquelle, il n'est plus consideré que comme neutre, entre les vivans & les morts.

Si les plus sages prennent ordinairement le chemin de terre, il est bien plus agréable en Eté par les forests, où l'ombre des arbres tempere les ardeurs du Soleil, rafraîchit les corps d'un petit vent agréable, contente la vûë de mille surprenans objets, & l'oreille par la musique des oyseaux, mais on ne se laisse pas ordinairement gaigner par ces petites curiositez, on craint ces lieux couverts, ces solitudes écartées de tout secours, parce qu'elles servent de retraite aux voleurs; à qui l'on se vient offrir, sans leur donner la peine de vous chercher. On aime donc mieux

& suivre les grands chemins, qui ont moins de délices & moins de repos, mais bien plus de seureté, où les passans sont des recrües & des troupes continuelles de secours.

L'honneur, les richesses, les grands emplois, sont recherchez de tous les hommes de cœur, parce qu'ils donnent de l'exercice à leurs bons courages, qui languiroient dans de moindres occupations, comme les balaines en six pieds d'eau. Si donc des personnes de basse naissance, pour s'élever, entrent dans le service & dans les interests des Princes, si elles s'y attachent, comme le liere aux grands chesnes, d'où ils reçoivent la vie, la solidité, & peuvent en égaler la hauteur; il faut aussi que comme eux, ils perissent par les mêmes coups de foudre, de tourbillons, & de cognée qui les renversent. Cette grandeur que vous n'avez pas en propre, est un accident illustre sujet à se perdre, par l'inconstance de la même volonté qui le donne, & qui ne tirera pas moins de gloire de vôtre ruïne, que de vôtre élevation dépendente de son choix. C'est pourquoy les sages jugent qu'une moyenne condition est incomparablement plus avantageuse, que ces éclats & que ces délices empruntez, parce qu'elle est plus libre, moins sujette aux caprices des Puissances; enfin plus seure, parce qu'elle est moins agitée des passions, & plus conforme à la loy de Dieu.

Cette même opinion se peut pratiquer fort innocemment en mille rencontres de la vie, où l'on prend ses seuretez, quoy-qu'avec moins de courtoisie, moins d'agréement, moins de bien-veillance des personnes avec qui l'on traite. Prêter à quelqu'un des sommes notables sous sa parolle & sa seule foy, l'obligeroit da-

l. 25.
ff. de
reg. jur.

vantage, mais la loy dit, qu'il y a plus d'assûrance dans les choses que dans les personnes, ainsi l'on peut tirer une obligation, un répondant, c'est un prêt, c'est une demie faveur, non pas une parfaite donation; de sorte qu'en donnant secours aux autres, l'on conserve ses interests, comme un preservatif, contre l'inconstance des choses humaines. Les parfaites liberalitez ne sont propres qu'à Dieu dont la bonté est infinie & les trésors inépuisables, quand aux hommes, leurs forces étant limitées, elles ne subsistent que par un équitable commerce, qui reçoit presque autant qu'il donne, qui en tout recherche moins la bienséance, que ses seuretez, qui comme la mer mesure ses effusions, à l'abord des eaux qu'elle reçoit des pluyes, des fontaines & des fleuves. Je dois tous mes services, & tout ce que je suis, à Dieu, néanmoins si je me consacre à ses autels, je puis en tirer ma subsistance. Car dit l'Apôtre, doit-on empêcher le vigneron de prendre quelques raisons de la vigne qu'il a cultivée & le Berger de se servir par occasion du lait des troupeaux dont il a la gardé ? Quelques tendres affections qu'on puisse avoir pour sa patrie, elles n'empêchent pas que l'Officier n'en touche ses gages, le Soldat sa montre, pour l'entretien d'une vie, qui tous les jours travaille & s'expose pour un bien public.

Il faut craindre qu'en cette pratique de prendre le plus seur, non pas le plus beau chemin, on ne passe à des excez, qui renversent ce qu'on pensoit établir, qui couvrent & qui ensevelissent tous les sentimens de l'honnêteté, par des interests sensibles & passionnez. En apparence la paix & l'amour regneroit bien plus dans le mariage, si l'homme laissoit à la femme,

1. Cor. 9.

tout ce qu'elle y demande de liberté ; mais Dieu a donné des ordres contraires, & a voulu que la femme y fut sous la puissance de son mary, temperée de sorte que d'une compagne, il n'en fît pas son esclave. Néanmoins aujourd'huy la pluspart des peuples d'Espagne, d'Italie, du Levant & de l'Afrique, trouvent tant d'interests à conserver l'inviolable chasteté de leurs femmes, pour l'honneur de leur personne & de leur famille, qu'ils les tiennent comme prisonnieres, hors la vûë & la conversation des autres hommes, sous de seures gardes, anciennement sous des Eunuques que la jalousie naturelle rendoit vigilans, pour empêcher à tout autre ce qui leur étoit impossible. Un amour imperieux & défiant, est l'artisan de ses chaînes, qu'il croit tres-justes pour arrêter la fragilité d'un sexe volage & temeraire, qui ne se rend pas à de moindres sinceritez; ainsi l'on cache ce qu'on a de plus precieux, crainte que la vûë n'en fasse naître le desir, & que les desirs n'arment les passions, qui l'emportent de force ou de violence; ces peuples aiment mieux une joüissance moins délicieuse & plus seure, hors les perils de se perdre; quoy-qu'un amour irrité par trop de contrainte, échappe comme l'air & le mercure, plus on le presse.

Le Secretaire Florentin demeure d'accord qu'un Prince seroit heureux qui possederoit avec le cœur de ces peuples, leurs biens & leurs vies, mais quel gouvernement ne seroit pas seur étant à la discretion des sujets qui doivent être gouvernés, s'ils se conduisoient par eux-mêmes; d'où naîtroit les revoltes, & les mouvemens, sources des guerres civiles; qu'en cela c'est mettre la bride sur le col d'un cheval qui n'est jamais si bien dressé, qu'il suive les volontez de son maître : De-là il conclud qu'il est moins seur de gouverner par l'amour, que par la crainte, que le Commandant tempere, adoucit, augmente comme il luy plaît, selon l'occurrence des temps & des affaires. Il suppose un Prince dégagé de ses passions, & qui n'agit que selon les regles de la prudence, en ce cas il auroit l'amour de ses peuples, qui feroit la felicité de son gouvernement, sans en venir à la contrainte ; or cét état est rare en des Puissances souveraines, parce qu'elles mettent ordinairement leurs souretez en la force de leurs armes, & en la foiblesse de leurs sujets ; elles s'irritent à la moindre resistance qu'on leur fait, elles veulent vaincre, sans rien ceder, crainte que la misericorde & l'impunité, n'entretiennent les rebellions, & n'en causent les habitudes ; ainsi les affaires ont coûtume de s'aigrir jufqu'à des extremitez qui font les convulfions mortelles des Roiaumes ; elles le furent à celuy des Juifs, lorfque Roboam fils de Salomon fe rendit inexorable au peuple, qui luy demandoit quelque foulagement des trop grands Tribus, dont fon pere les avoit chargez; & qu'au lieu de les contenter au moins de parole, il les aigrit par les menaces d'un beaucoup plus rude traitement. Enfuite de douze Tribus qui compofoient ce grand peuple, dix fe revoltent, quittent la maifon de David, élifent pour Roy Jeroboam, qui n'étoit auparavant qu'un Receveur recherché, criminel de Péculat, & fugitif en Egypte. Ce dangereux politique pour jetter les fondemens, d'un divorce irreconciable entre fes peuples, & ceux qui reftoient dans l'obeyffance, il changea les anciennes Ceremonies de la Religion, & rendit les rebelles opiniâtres & invincibles en leurs sentimens, sous un pretexte de pieté. Voilà comment l'Etat & la Religion perirent par une fausse prudence, qui pour asûrer le gouvernement choisit plûtôt la crainte que l'amour & la violence, que la douceur : Car l'homme naturellement né libre & raisonnable, ne peut soûfrir une contrainte continuelle qui le traite en bête, sans passer dans un désespoir, où la fureur se fait des armes de tout, & ne trouve plus rien d'impossible.

Si le monde nous presente des occasions, où il faille quitter les plus beaux & les plus agréables chemins, pour se resoudre aux plus seures, quoy-que plus penibles, c'est principalement en la conduite de la vie, qui n'est à vray dire qu'un chemin & qu'un voyage, dont la durée nous est incertaine ; ainsi plus à craindre, pour en tenir tous les momens precieux, pour n'y prendre point de détours, mais pour aller plus viste que le temps qui sera le dernier terme de nos merites, & le commencement de nos recompenses. Le Verbe divin s'est fait homme, pour nous instruire par sa doctrine & par ses exemples, que le chemin qui nous menne au Ciel est étroit, où le bagage des choses mortelles, les cœurs gros de passions, ne peuvent passer; qu'il est le moins frequenté, difficile aux sens, mais délicieux à l'esprit, qui y trouve avec la sainteté, un essay des felicités du Ciel.

Ce n'est pas expliquer assez la vanité de la pluspart des employs du monde, de dire qu'on y perd le temps, qui se devoit plus utilement employer au salut de l'ame, à faire un trésor de bonnes œuvres, qui étant mises aux banques du Ciel, nous y préparent nôtre demeure, & nous y rendent plus agréables à Dieu; ou dans ces emplois exterieurs, qui ne pretendent qu'aux biens, qu'on appelle de fortune, les nobles facultez intellectuelles de nôtre ame s'y trouvent toutes occupées, diverties des choses divines, souvent salies des crimes, où elles se trouvent engagées par la nécessité de la resistance : car l'integrité seule desarmée, devient dans le monde, la proye de l'adresse, ou de la violence maligne, resoluës de ravir tout ce qu'elles pourront emporter. Ces puissans, ces riches, ces superbes n'ont pas vécu, n'ayant pas agi pour ce qui devoit être leur fin, ils n'ont fait que de beaux songes ; & quand les pointes d'une grande maladie les reveille & les avertit que la mort les va bientôt retirer du monde, ils se trouvent les mains non seulement vuides de bonnes œuvres, comme dit David, mais de plus plaines des rapines qu'elles viennent de commetre, toutes découlantes du sang des pauvres, & des innocens, qu'elles viennent de verser, pour satisfaire à leurs horribles concupiscences. Ce n'est donc pas prendre le chemin plus seur, mais le plus perilleux pour soy-même, & pour les autres par le scandal qu'on leur donne de suivre les opinions du monde, & se jetter dans une foule, qui vous emporte comme un torrent dans le précipice.

XXX. OPINION.

Il vaut mieux mourir, que survivre à des notables disgraces.

LE mouvement du Ciel n'est qu'une revolution perpetuelle de ces vastes globes, qui rapportent successivement les parties au point d'où elles ont commencé leur tour; ainsi ils nous font voir le coucher & le lever des étoilles, la nuit & le jour, l'hyver & l'esté, les foiblesses & les perfections, les douleurs & les plaisirs, par des vicissitudes qui ne sont pas si regulieres qu'il nous soit permis de les prévoir, ny de les choisir. Néanmoins si dans ce destin general des choses humaines sujettes a soûfrir les alterations du bien & du mal, nous avons la liberté des desirs, il me semble qu'il nous seroit plus avantageux de commencer par les peines que par les contentemens, & suivre cét ordre que Dieu garda quand il fit le monde de rien ; premierement comme une masse confuse, qu'ensuite il perfectiöna par l'ordre & la beauté des parties. L'air au point de sa creation fut tenebreux, puis blanchi & animé de la lumiere qui rendit les figures & les couleurs à toutes choses, également noires, presque confuses & perduës dans la nuit; comme elles l'étoient auparavant dans le néant. La terre parut lors toute couverte d'eau, puis quand elles se furent retirées, ce ne fut plus qu'une fange désagreable, jusqu'à ce que la chaleur du Ciel l'ayant deseichée, luy rendit l'arridité qui luy est propre. Elle prit ces faces si differentes, toutes difformes, pour servir de lustre à la beauté, que Dieu luy donna quand il luy fit le commandement de se couvrir de verdure, de se parer de fleurs & de fruits avec des feconditez qu'elle continuë, & qui satisfaisant nos yeux & nos appetits, leur promettent une possession toûjours renaissante des mêmes biens. Ainsi les commancemens de toutes les grandes choses sont petits, dans le défaut & l'imperfection pour donner sujet à la nature de s'avancer continuellement au bien qu'elle se propose, par des progrez qui luy soient autant de recompenses de son travail, toûjours prêtes à couronner ce qu'elle y employe d'activitez ?

On voit par experience qu'une ante prise d'une pepiniere, dont la terre est maigre, & transplantée dans une meilleure, profite incomparablement plus, que si étant élevée dans une grace & fertile, elle étoit mise dans une moindre. Un homme qui s'est élevé par son travail & ses industries, d'un bas Etat dans une condition plus relevée; croit avec le secours du Ciel avoir la force de se relever quand la mauvaise fortune l'auroit abbatu. Il considere la vie comme un combat où la victoire est changeante, & quoy-qu'elle ne le déclare pas toûjours d'un même party, elle favorise davantage celuy qui sera le plus genereux. Le sage reçoit avec de tres-humbles reconnoissances, les biens que la bonté divine luy vient offrir ; il fait état de de se comporter en cette commission avec les diligences, & les fidélitez que la loy de la conscience, qui est celle de la premiere verité luy prescrit, tout prêt de passer de cét employ dans un autre, quoy-que contraire ; d'un grand éclat dans la solitude, des richesses dans la pauvreté, quand la voix du Ciel l'y appellera. La vicissitude est un droit commun, dont il ne prétend pas aucun privilege dans un monde où il voit que toutes choses y sont sujetes, où le Soleil n'est pas plû-tôt à son Midy, qu'il avance à son Occident, & où la partie superieure de son globe devient à son tour la plus basse, par la necessité du mouvement. Il entre dans les sentimens de Job, & dit avec ce Prince tombé d'un état heureux selon le monde, dans l'extremité de la misere : N'est-il pas juste que nous soyons tres-satisfaits en l'état où la main de Dieu nous met pour nôtre profit & pour sa gloire? que si nous en avons reçû les biens qui ont fait nôtre élevation, nous pratiquions les humilitez qui nous mettent dans l'exercice des autres vertus?

Ceux qui naissent dans la pourpre, & dont le bonheur commence avec la vie, qui sont nourris dans la grandeur, dans les délices & la flaterie, se persuadent facilement que ces qualitez exterieures de fortune & d'opinion leur sont propres, qu'elles sont inseparables de leurs personnes; de sorte que si quelque notable disgrace les abbat de cette éminence, ils croyent que ce leur est une necessité de mourir au monde, & de perdre la vie du corps, avec celle de l'honneur. Ce désespoir peut posseder un homme dans la chaleur d'une passion qui luy trouble de sorte le jugement, que faute d'un autre sujet, sur lequel il décharge sa colere, il la tourne contre foy, se tuë de ses propres mains, & par la derniere des folies, meurt, crainte de mourir.

Ce transport n'appartient qu'à un esprit broüillé, bas & lâche, plus ennemi de luy-même, que le mal-heur dont il se plaint, puisqu'il luy donne plus qu'il ne demande pour la joüissance d'un seul objet qu'il perd, & qu'il pouvoit recompenser par beaucoup d'autres ; il quitte la vie qui est le fondement de toutes, un bien incomparable où les Philosophes ont mis leur beatitude, & qui étant animé des graces divines, fait celle des Saints pour toute une éternité. L'estre raisonnable, est le premier trait de ressemblance que Dieu vous a donné avec ses divines perfections, un premier present qu'il se disposoit d'achever par ses secours surnaturels. Néanmoins, vous l'abandonnez, hé pourquoy ! pour des choses que vous eussiez eû en averſion, s'il vous fut reſté quelque ſentiment, de vôtre bien, de vôtre ame & de vôtre ſalut. Suppoſé que dans la concurrence d'un office, un autre l'emporte ſur vous, vous n'êtes pas ſi nouveau dans le commerce du monde que vous ne ſçachiez bien que les Sages, & que les peuples n'imputeront pas ce rebut à un défaut de merite, mais de faveur; or cette bienveillance des grands ne s'aquiert pas ordinairement par le ſeul motif de la capacité. Les plus Sages & les plus Saints ne ſont pas toûjours preferez aux autres, parce qu'ils ne ſont pas des inſtrumens ſi propres à ſuivre les mauvaiſes impreſſions qu'on leur veut donner. Vous étiez dans une longue & paiſible poſſeſſion d'une charge, qu'on vous oſte, comme vous croyez avec infamie; de ſorte que vos intereſts & vôtre honneur étant ſi fort offenſez, la vie ne vous pouvoit plus être qu'un long supplice. Mais en cela Dieu & vôtre conscience doivent être vos juges, sans vous en rapporter à des personnes passionnées & temeraires, jusqu'à ne rendre pas ce qu'ils doivent de respect au Prince. Peut être qu'il vous ôte cette charge, pour recompenser ensuite vôtre soûmission par des employs plus relevez, & vous donner pour modéle à toute sa Cour; que ce n'est rien perdre, que c'est reculer d'un pas, pour mieux sauter, en ces rencontres qui paroissoient humiliantes. On sçait que l'envie vous a pû tendre des piege; elle vous enfonce maintenant par force dans la disgrace, comme un liege qu'on pousse & qu'on arrête dans l'eau, quand elle sera lasse ou trop foible pour vous y tenir, vôtre merite n'étant plus contraint, aussi-tôt elle vous en tirera; il ne faut donc pas que cela vous jette dans le désespoir.

Vous recherchiez en mariage, une fille d'une éminente beauté, qui avoit gagné vôtre cœur, & d'une alliance qui devoit être le fondement de vôtre fortune. Les promesses vous en étoient faites, les dernieres parolles en étoient données : Est-il possible, dites-vous, de soûfrir impunément, qu'un autre joüisse de ce qui vous est acquis par toute sorte de tître & de considerations? Mon ami relevez tant qu'il vous plaira la justice de vôtre amour, de vôtre cause & de vos plaintes, celuy dont vous enviez le bien avoit les mêmes considerations, & son droit consiste en la joüissance que sa bonne fortune luy donne. Au reste je ne vous plaindray jamais de n'avoir pas perdu vôtre liberté sous un joug, dont je voy tant de mécontens & tant de mal-heureux, jusqu'à l'infamie, & avoir autant de désespoir de s'être engagez dans ce contract, que vous en témoignez d'en être exclus. Excusez-moy si je suis plus persuadé par les effets & par les experiences de plusieurs, que par les idées fausses & incertaines de felicité que vôtre passion se figure en cette rencontre. Vous fondez un amour constant & inviolable, sur une beauté qui ne peut être aimée de plusieurs, sans qu'elle aime, & qui en aimant se passe & se fletrit comme une fleur. Si elle est riche, elle en sera moins obeïssante, & voudra regner dans les biens qu'elle vous apporte, avec les profusions, les vanitez & les insolences qui troublent aujourd'huy la paix des familles. Ce vous doit être une consolation que si ce sujet vous échappe, la providence vous en offre une infinité d'autres, non moins digne de vôtre choix, & qui vous feront bénir Dieu d'avoir rendu vos premieres recherches inutiles, pour rencontrer dans un autre, le parfait accomplissement de vos desirs.

Il est vray ces rebuts sont plus supportables, quand ils vous laissent la liberté d'aller au change, & de trouver en une seconde rencontre plus de bien que vous n'en pouviez esperer en la premiere; mais s'il arrive, que vos services, que vos merites, joints à une secrete simpathie, vous mettent dans les bonnes graces de vôtre Prince, & vous donnent ce point de faveur que tous recherchent, que tous admirent & adorent; j'avoüe que comme cette éminence fait le plus haut point des felicitez de la Cour, la perdre, c'est tomber dans une abysme de disgraces, où toutes les joyes, toutes les grandeurs qu'on pouvoit & recevoir & donner, sont ensevelies; aussi le cœur qui ne peut former assez de regrets pour toutes ces pertes, pense assez braver son mauvais destin, s'il les acheve volontairement par la mort qui les comprend toutes.

C'est aussi la derniere des extravagances, & des privations de jugement de prendre pour un grand mal-heur, un coup de la providence qui vous reduit à une condition particuliere ; qui brise vos chaînes, qui vous tire de l'esclavage, qui vous remet dans la liberté naturelle, que tous les sages, que tous les Saints se sont conservé au prix de leur vie, parce qu'elle importe à l'honneur du grand Dieu que nous adorons. Car le moyen de bien servir en même temps deux maîtres, dont les commandemens sont contraires ; un Dieu, qui comme il est Saint, demande de nous le cœur tout entier, épuré de toutes imperfections, pour l'avoir comme un sanctuaire, où il déclare ses volontez, & nous donne assez de force pour les accomplir. Dans ces bons desseins le moyen d'entrer dans tous les interests sensibles d'un Prince, l'entretenir, & le flatter dans ses passions, quelques violentes qu'elles soient, & si l'on ne gagne par ce moyen ses bonnes graces, être la victime de sa colere? L'Ecriture sainte nous explique en une parolle, les malignitez & les artifices qu'employe le demon pour perdre les ames, les mal-heurs qu'il nous fait souffrir, ou qui nous tiennent toûjours en crainte, quand elle l'appelle le Prince du monde.

Considerez de même les plus fâcheuses & les moins supportables de la vie, elles doivent plûtôt relever les esperances, que plonger dans le désespoir ceux qui sçavent bien les conduites ordinaires de la nature, & ses manieres d'agir pleines à nôtre égard de cette misericorde, en ce que si les maux qu'il nous faut soûfrir sont grands, ils ne sont pas longs, les plus furieuses tempêtes d'air & de mer, ne sont que de bien peu d'heures, les éclipses du Soleil & de la Lune ne durent pas davantage. C'est l'extremité de la misere d'être condamné à une mort publique qui fait perir l'honneur avec la vie: Cependant on a veu plusieurs de ces miserables tomber de la potence sans se blesser, & recevoir ainsi leur abolition du Ciel & de la Justice, sans être plus recherchez sur le même fait. Ainsi la Vestale dont parle Seneque, qui par sentence ayant été precipitée de la pointe d'un rocher en bas, saine & sauve, fut tenuë pour innocente, déclarée telle, par ce miraculeux évenement reçû comme un Oracle du Ciel, la vicissitude regne en tout ce qui se fait icy bas. Le Soleil aprés son coucher renaît sur nôtre horison; aprés l'hyver nous joüissons du printemps & de l'esté, de la santé aprés les maladies, des tranquillitez & des douceurs de la paix aprés les désolations de la guerre. A Rome Camille fut élû Consul, aprés être rappelé de son exil; Auguste avan-

Boërius decisio. 218. n. 18.

Senec. lib. 3. contro. 3.

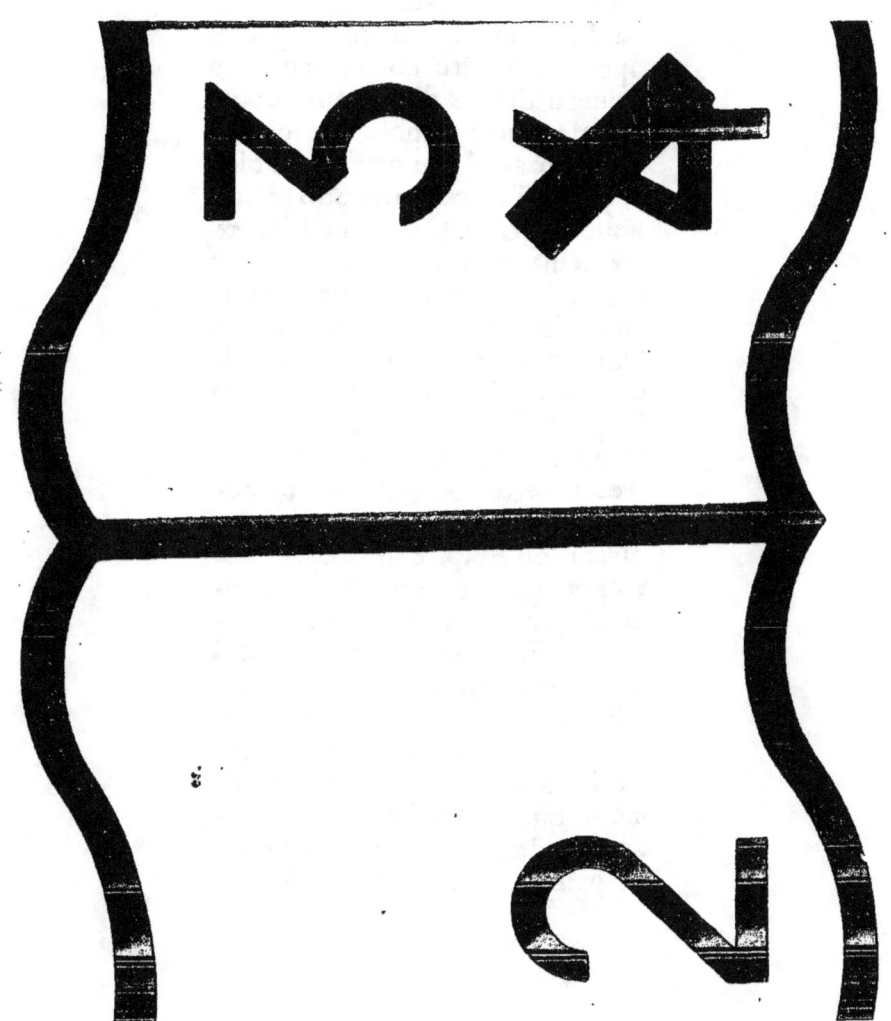

ça L. Cinna à la même dignité, aprés avoir été convaincu d'un crime d'Etat, & d'une insigne conjuration ? hé ! combien de fois nôtre siécle a-t'il veu de favoris bien reçûs du Prince, aprés une solemnelle disgrace. Caton fut donc extremément trompé quand il se donna le coup de la mort pour ne point survivre à la liberté & à l'honneur de sa patrie, aprés la défaite de Pompée; car jamais la Republique n'eust plus d'éclat, qu'aprés cét accident, quoy-que tres-funeste : Auguste & les autres Princes qui l'ont suivi, étendirent son Empire sur tous les autres peuples, & ne s'est enfin terminé que par un sacerdoce éternel. Ce fut donc non pas une constance, mais un aveugle & furieux désespoir en Caton, de se precipiter hors du monde, perdre ainsi l'honneur & le contentement que le destin luy vouloit donner dans les bons succez de sa patrie, qui étoit l'objet de toutes ses affections ?

Les mécontentemens sont donc tres-injustes qui jettent l'homme dans le désespoir de s'ôter la vie, parce qu'il n'en est que le tuteur, non pas le maître, elle appartient à Dieu, à la patrie, à la famille & aux amis. Le sujet qu'une ame préoccupée se figure pour la quitter, regarde principalement le futur, qui à son égard est incertain, & qui selon la vicissitude des choses humaines nous promet le bien aprés le mal, le calme aprés la tourmente. Ce fut donc une foiblesse, une ignorance & une extréme frenaisie à Caton de perdre une vie, dont il pouvoit joüir avec toutes les bonnes habitudes, des vertus qu'il s'étoit acquis, & la perdre pour les fausses allarmes, & les impertinantes conjectures, que sa vanité luy donna.

Cette fureur paroît plus extréme aux yeux du Chrétien, qui considere toutes les disgraces de la vie, comme des sujets que

Dieu nous offre pour donner de l'exercice à nôtre patience, à nôtre courage & aux parfaites resignations qu'il nous faut continuellement avoir aux ordres de ses volontez. De ces choses passageres, qui disparoissent à nos yeux, comme des figures dans les nuës, que les vents forment, changent, dissipent, & emportent ; comme des songes qui échapent à nos esprits, & dont la memoire ne conserve quelquefois aucunes idées, la divine misericorde nous en fait des occasions d'un merite qu'elle recompense par des couronnes immortelles. C'est à cette bienheureuse éternité qu'il nous faut pretédre, par le mépris de toutes les choses perissables, qui en détournent nos pensées & nos affections ; je plains plus ceux qui les possedent, parce qu'ils peuvent en être trompez, que ceux qui les perdent, parce qu'ils s'en défont comme de ces meubles, de ces chevaux & de ces habits enchantez qu'ont dit avoir causé la mort de leurs maîtres. Il ne faut point aller jusqu'à l'extremité de l'âge pour voir quelles sont les inconstances & les vanitez du monde ; une matinée d'étude dans l'histoire, une legere course de l'œil sur les tables de Chronologie, nous fera voir les changemens des puissances, des loix, des états & des opinions. Ce qui a fait tant de bruit au monde, ces negoces de police qui occuperent tant d'esprits, tant de conseils ; ces villes, ces Provinces qui ont coûté tant de vies & qui ont causé tant de désolations sont passées de main en autre. Tout ce qui s'est fait, tout ce que les fausses opinions ont établi comme veritable, pour glorieux & pour immortel, n'est plus ; la Comedie s'est jouée, le théatre, les personnages, les sujets, les spectateurs & les sentimens ne sont plus, tout cela reste enseveli dans les profondes abysmes du néant. Nous verrons néanmoins au Ciel que ces choses si differentes, ont entr'elles, avec les parties des siécles & de l'univers, des rapports miraculeux; que les imperfections qui nous y paroissent, sont comme les ombres entre les vives couleurs d'un tableau, comme les pauses & les demy tons dans la musique, comme les intervalles dans l'écriture & la prononciation, pour nous faire entendre le concert & le panegyrique de la Sagesse divine, qui par tout a triomphé des foiblesses de la nature, qui de ses maux en a fait des biens, & reduit ce qu'elle avoit de plus sombre à donner un plus grand éclat aux veritez que nous avons pour regles de nos mœurs, & de nôtre foy.

FIN

A PARIS,
De l'Imprimerie d'Antoine Lambin.
1688.

www.ingramcontent.com/pod-product-compliance
Lightning Source LLC
Chambersburg PA
CBHW072103220426
43664CB00013B/1978